Andrea Micus · Uwe Bohlmann

Starke Väter – starke Kinder

Was Kinder von ihren Papas brauchen

So erziehen Sie klar
und werden zum guten Vorbild

Bibliografische Information der Deutschen Nationalbibliothek

Die Deutsche Nationalbibliothek verzeichnet diese Publikation in der Deutschen Nationalbibliografie; detaillierte bibliografische Daten sind im Internet über http://dnb.ddb.de abrufbar.

ISBN 978-3-86910-625-0 (Print)
ISBN 978-3-86910-731-8 (PDF)
ISBN 978-3-86910-730-1 (EPUB)

Die Autoren:
Andrea Micus hat sich als erfolgreiche Buch- und Zeitschriftenautorin den Themen Familie und Erziehung verschrieben. Sie verbindet unterhaltsam und verständlich aktuelle Erkenntnisse mit leicht umsetzbaren Erziehungstipps – nicht nur deshalb sind ihre Ratschläge bei Eltern so beliebt.
Uwe Bohlmann ist Kinderpsychologe, Supervisor, Inhaber einer Lehrpraxis und Dozent an mehreren Instituten.

Originalausgabe

© 2013 humboldt
Eine Marke der Schlüterschen Verlagsgesellschaft mbH & Co. KG,
Hans-Böckler-Allee 7, 30173 Hannover
www.schluetersche.de
www.humboldt.de

Lektorat: Nathalie Röseler, Dateiwerk GmbH, Pliening
Covergestaltung: DSP Zeitgeist GmbH, Ettlingen
Coverfoto: Getty Images / Uwe Krejci
Innengestaltung: akuSatz Andrea Kunkel, Stuttgart
Satz: PER Medien+Marketing GmbH, Braunschweig
Druck: Grafisches Centrum Cuno GmbH & Co. KG, Calbe

Hergestellt in Deutschland.

Inhalt

Einleitung

„Wer seine Verpflichtungen nicht erfüllen kann, hat nicht das Recht, Vater zu werden. Weder Armut noch Arbeit noch Rücksichten entbinden ihn der Pflicht, seine Kinder zu ernähren und zu erziehen. Ich sage jedem, der ein Herz hat und trotzdem seine heilige Pflicht verletzt, voraus, dass er seine Fehler bitter bereuen und sich niemals darüber trösten wird."

Das schrieb der große Aufklärer Jean Jacques Rousseau 1762 in seinem pädagogischen Hauptwerk „Emile oder über die Erziehung". Doch zwischen Theorie und Praxis liegen Welten. Rousseau selbst hatte fünf Kinder, die er alle nach ihrer Geburt in Findelhäusern abgab. Er fühlte sich der Erziehungsaufgabe nicht gewachsen und ging den vordergründig einfachsten Weg: Er gab die Verantwortung ab.

Auch die Väter heute haben Zweifel, dem Anspruch „Vaterschaft" gerecht zu werden. Denn unsere moderne Gesellschaft erwartet ein Allroundtalent: einen Vater, der klar erzieht und alle wesentlichen Werte vermittelt, der mit seinen Kindern nach Herzenslust herumtollt, ihnen Wärme und Geborgenheit gibt, immer zur Stelle ist, „wenn der Schuh drückt", die Mutter vertritt und notfalls ersetzt und die heile Kinderwelt finanziell absichert. Auf hohem Niveau natürlich, aber bitte so, dass es die Kleinen nicht mitbekommen.

Dem modernen Vater wird nichts geschenkt. Er ist bei der Schwangerschaftsgymnastik dabei und im Kreißsaal. Er besucht wie selbstverständlich Krabbelstuben und kennt die

Namen aller Kinder aus den Marienkäfer- oder Sonnenblumen-Gruppen.

Die Gesellschaft erwartet, dass er in der Grundschule Schaukeln aufbaut und mithilft, den Pausenhof zu asphaltieren. Die Kinder erwarten, dass er twittert und einen Facebook-Account hat und beim Frühstück die MTV-Hitlist rauf und runter aufsagen kann. Er weiß, was „cool" ist, und legt sich in der Schule mit jedem Lehrer an, der seine Sprösslinge partout nicht richtig verstehen will.

Gut, manchmal scheint ihm alles über den Kopf zu wachsen, zumal dann, wenn sich die Lebensplanung ändert und er gezwungen ist, familiär neue Wege zu gehen.

Aber die Väter heute geben trotz aller Belastungen ihre Verantwortung nicht ab. Im Gegenteil. Sie stellen sich den immer größer werdenden Herausforderungen. Sie wollen alles schaffen, was man von ihnen verlangt, um wirklich rundherum gute Väter zu sein. Weil sie ihre Kinder lieben, ihnen Vorbild in der Gegenwart und Leitstern für die Zukunft sein wollen und weil sie glauben, dass ihre Kinder es verdienen, sagen zu können: Papa ist der Beste!

Dabei ist es leicht, den Satz von einem Vierjährigen zu hören. Aber aus dem Munde eines 20-Jährigen ist er für einen Mann das, was der Nektar für die emsige Biene ist: der verdiente Lohn knallharter Arbeit. Schon Thornton Wilder sagte: „Die strengsten Richter eines Mannes sind seine Kinder." Der moderne Vater will sich den Anforderungen stellen. Und darauf darf er stolz sein. Denn so viel wie heute wurde noch nie von ihm verlangt. Ursprünglich mächtiger Clanchef ist seine Vaterrolle im Laufe der Jahrhunderte beeindruckend zusammengestrichen worden. Was zuletzt noch blieb, war die Rolle des Kern-Familienoberhaupts. Aber in den letzten hundert Jahren haben tsunamiartige Umwälzungen auch dieses Selbstverständnis der Väter durcheinandergewirbelt. Doch gemäß dem indianischen Sprichwort „Was mich nicht umbringt, macht mich nur härter" sind sie gestärkt aus der Krise gekommen und heute nicht nur bestens gewappnet, sondern auch willens, die Rundumaufgabe Vater zu meistern.

„Ich bin Vater" – aber was heißt das eigentlich?

Das Wort „Vater" kommt vom lateinischen Terminus „pater" und bezeichnet in der römischen Antike das Familienoberhaupt, den „pater familias". Er ist immer da und erzieht seine Kinder, mit Strenge, aber auch mit Wohlwollen und Anteilnahme. Der Vater hat die höchste Autorität innerhalb der Großfamilie und ist das Vorbild, nicht nur für die Kinder, sondern für das „ganze Haus", also für alle Familienmitglieder der Sippe und alle Sklaven. Der Vater damals hat die alleinige Macht und er hat das Vermögen und behält es bis zum Tod. So kann er jederzeit seine Kinder enterben und dies auch als Druckmittel einsetzen. Die Kinder sind von ihm finanziell abhängig und bekommen erst nach seinem Tod die „volle Geschäftsfähigkeit". So etwas wie die Volljährigkeit ab einem bestimmten Alter, wie wir es heute kennen, gibt es damals nicht.

Ähnlich ist es bis ins Mittelalter. Der „Hausvater" hat das Sagen in der Großfamilie, zu der neben der Frau, den Kindern und den entfernteren Verwandten auch hier die Knechte, Mägde und Gesellen gehören.

In diesen Familienverbänden leben und arbeiten alle zusammen. Die Kinder lernen von den Vätern und helfen von klein auf in den handwerklichen Betrieben oder auf den Höfen mit. Der Vater ist immer da und eine Identifikationsfigur für alle Belange des Lebens. Und er hat nach wie vor die Macht. Der Vater kontrolliert und bestraft, wie immer er es will.

Ab dem 16. Jahrhundert beginnt der große Umbruch in der Definition der Vaterrolle. Der Staat erstarkt. Er erlässt Gesetze, die das Zusammenleben regeln. Die Knechte, Mägde und Gesellen bekommen Rechte. Der Staat übernimmt langsam Erziehungsaufgaben. Die Volksschule etabliert sich. Kinderarbeit wird verboten. Der Vater verliert an Macht. Die großen Familiensysteme verschwinden. Dadurch wandelt sich das Zusammenleben. Der Vater ist nicht mehr vorrangig der Erzieher seiner Kinder und auch nicht mehr das alleinige Vorbild. Denn die Kinder können nicht mehr nur vom Vater etwas lernen, sondern zur Schule gehen und andere Berufe ergreifen.

Im 18. Jahrhundert ist der Vater zwar immer noch „Hausherr", aber jetzt in der Regel nur noch für die Kernfamilie zuständig: Vater, Mutter, Kinder. Die Bindung von Mann und Frau, von Eltern zu Kindern wird wichtig. Dadurch wird nicht nur die Ehe neu definiert. Auch die Position des Vaters ändert sich. Es zählt nicht mehr, wie seit Jahrhunderten erprobt, die Führungsqualität innerhalb der Großfamilie, sondern ausschließlich die berufliche Kompetenz. Eine absolute Revolution!

Und kaum hat man die erste verarbeitet, kündigt sich schon eine weitere an. Die Industrialisierung bringt die nächste Umwälzung für die Väter. Die Menschen strömen vom Land in die immer größer werdenden Städte, um Arbeitsplätze zu finden. Während Ende des 19. Jahrhunderts noch zwei Drittel der Bevölkerung Deutschlands auf dem Land wohnen, leben

vor dem Ersten Weltkrieg bereits zwei Drittel der Gesamt-
bevölkerung in Städten. Mit weitreichenden Folgen für die
Familien. Denn mit dem Tag, an dem der Bauer seine Hacke
oder der Schuster seinen Hammer aus der Hand legt und in
der Fabrik seinen Lebensunterhalt verdient, gerät er aus dem
Blickfeld seiner Kinder. Die Väter verdienen jetzt zwar nach
wie vor das Einkommen für die Familie, können aber ihren
Kindern kein Vorbild mehr sein und sie auf dem Weg ins
Erwachsenenalter nicht mehr begleiten. Die Mutterrolle wird
dafür umfassender. Die Mutter macht weiterhin den Haushalt, wird aber jetzt für ihre Kinder die wichtigste Bezugsperson.

Damit vollzieht sich in dieser Zeit der größte Wandel in der
Bedeutung der Väter für die Kindererziehung: der Verlust der
Vorbildwirkung und der Rückzug des Vaters aus dem Haus
und der Kinderversorgung. Die Bedeutung des Vaters redu-
ziert sich auf die Funktion des Ernährers. Das ist neu. Das gab
es noch nie.

Aber damit nicht genug. Anfang des vergangenen Jahrhunderts bringen zwei Weltkriege das Vaterbild noch einmal
komplett durcheinander.

Durch die lange Abwesenheit des Vaters sind Frauen und
Kinder auf sich gestellt und müssen allein für Nahrung und
Sicherheit sorgen. Die Frauen werden selbstständig. Die Kinder müssen weit über ihr tatsächliches Alter hinaus Verantwortung übernehmen. Als die Väter von der Front oder aus
der Gefangenschaft zurückkommen, finden sie zu Hause völlig neue Verhältnisse vor: Die Frauen sind unabhängig, die
Kinder ohne den einst üblichen Respekt, sie selbst in phy-

sisch und psychisch schlechter Verfassung. Es herrscht eine große Entfremdung. Die Väter der 1940er-Jahre fühlen sich nicht mehr wie das Oberhaupt ihrer Familien, sondern wie Außenstehende.

Das hat Folgen. Denn anstatt sich mit ihren Kindern auseinanderzusetzen, sind viele Väter mit sich selbst und dem Aufarbeiten von eigenen Problemen beschäftigt. Sie brauchen Kraft, um sich neu zu positionieren, und ziehen sich aus der Kindererziehung zurück. In den 1950er-Jahren ist der Vater ausschließlich Ernährer. Die Mutter wird zur alleinigen emotionalen Bezugsperson.

Aus dem „Handbuch für die gute Ehefrau"

1. Halten Sie das Abendessen bereit. Planen Sie vorausschauend, eventuell schon am Vorabend, damit die köstliche Mahlzeit rechtzeitig fertig ist, wenn er nach Hause kommt. So zeigen Sie ihm, dass Sie an ihn gedacht haben und dass Ihnen seine Bedürfnisse am Herzen liegen. Die meisten Männer sind hungrig, wenn sie heimkommen, und die Aussicht auf eine warme Mahlzeit gehört zu einem herzlichen Empfang, so wie man ihn braucht.

2. Machen Sie sich chic. Gönnen Sie sich 15 Minuten Pause, sodass Sie erfrischt sind, wenn er ankommt. Legen Sie Make-up nach, knüpfen Sie ein Band ins Haar, sodass Sie adrett aussehen. Er war ja schließlich mit einer Menge erschöpfter Menschen zusammen.

3. Seien Sie fröhlich, machen Sie sich interessant für ihn! Er braucht vielleicht ein wenig Aufmunterung nach einem ermüdenden Tag, und es gehört zu Ihren Pflichten, dafür zu sorgen.

▶

4. Räumen Sie auf. Machen Sie einen letzten Rundgang durch das Haus, kurz bevor Ihr Mann kommt.

5. Räumen Sie Schulbücher, Spielsachen, Papiere zusammen und säubern Sie mit einem Staubtuch die Tische.

6. Machen Sie Ihre Kinder chic. Nehmen Sie ein paar Minuten, um ihre Hände und Gesichter zu waschen. Kämmen Sie ihr Haar und wechseln Sie gegebenenfalls die Kleidung. Die Kinder sind Ihre kleinen Schätze und so möchte er sie auch erleben. Vermeiden Sie jeden Lärm. Wenn er nach Hause kommt, schalten Sie Waschmaschine, Trockner und Staubsauger aus. Ermahnen Sie die Kinder, leise zu sein!

7. Begrüßen Sie ihn mit einem warmen Lächeln und zeigen Sie ihm, wie aufrichtig Sie sich wünschen, ihm eine Freude zu machen.

8. Hören Sie ihm zu. Sie mögen ein Dutzend wichtiger Dinge auf dem Herzen haben, aber wenn er heimkommt, ist nicht der geeignete Augenblick darüber zu sprechen. Lassen Sie zuerst ihn erzählen, und vergessen Sie nicht, dass seine Gesprächsthemen wichtiger sind als Ihre.

9. Der Abend gehört ihm. Beklagen Sie sich nicht, wenn er spät heimkommt oder ohne Sie zum Abendessen oder irgendeiner Veranstaltung geht. Versuchen Sie stattdessen, seine Welt voll Druck und Belastungen zu verstehen. Er braucht es wirklich, sich zu Hause zu erholen.

10. Schieben Sie ihm ein Kissen zurecht und bieten Sie ihm an, seine Schuhe auszuziehen. Sprechen Sie mit leiser, sanfter und freundlicher Stimme.

11. Fragen Sie ihn nie darüber aus, was er tagsüber gemacht hat. Zweifeln Sie nicht an seinem Urteilvermögen. Denken Sie daran: Er ist der Hausherr und als dieser wird er seinen Willen stets mit Fairness und Aufrichtigkeit durchsetzen. Sie haben kein Recht, ihn infrage zu stellen.

12. Eine gute Ehefrau weiß stets, wo ihr Platz ist.

(aus: Housekeeping Monthly, 13. Mai 1955)

In den 1960er-Jahren definiert sich die Rolle der Mutter und Frau neu. Die Frauenbewegung formiert sich. Frauen setzen sich immer mehr den traditionellen Rollenaufteilungen entgegen. Sie drängen in qualifizierte Ausbildungen und auf den Arbeitsmarkt. Das verändert die Familienstruktur. Der Vater wird nicht nur in seiner traditionellen Autorität, sondern auch in seiner Schrumpfrolle als Ernährer infrage gestellt.

Das kritische Vaterbild hält sich bis in die 1970er-Jahre hinein. Die Frauen etablieren engagiert ihre Doppelrolle und erfahren, wie schwer die zu meistern ist. Plötzlich wird der Vater wieder nötig für die Betreuung und Versorgung der Kinder – zumindest ist das bequemer. Das gleichberechtigte Erziehungsmodell wird propagiert. Jetzt heißt es: Kinder brauchen ein „weibliches" und ein „männliches" Elternteil. Das klingt perfekt. Doch so einfach ist es nicht. Für den Mann wird der doppelte Anspruch zum Dilemma. Denn einerseits wird gefordert, dass er über die finanzielle Versorgung hinaus auch eine wichtige Rolle in der Kindererziehung einnehmen soll, andererseits muss er sich in einer zeitaufwendigen Arbeitswelt behaupten, in der männliche Karrieren nach wie vor die gängigen sind. Aller Emanzipation zum Trotz bleiben Hausmänner eine Ausnahme. Viele Väter entscheiden sich, wenn auch schweren Herzens, auch jetzt noch für ihr berufliches Weiterkommen – auf Kosten der Kindererziehung. Mit dieser Rolle sind aber immer weniger Mütter zufrieden. Die Scheidungsraten steigen.

Damit hält ein Vatermodell in den Medien Einzug, das bislang keine Rolle spielte: der Scheidungsvater. Das Modell der Supermutti ersetzt die Vorbildfunktion. Frauen können beides: Geld verdienen und Kinder erziehen. Der Anteil an alleinerziehenden Frauen nimmt zu. Väter werden zu Randfiguren. In der Erziehung kommt man ohne sie aus. Die Väter fühlen sich endgültig ausgebootet und begehren schließlich auf.

Die 1980er-Jahre sind geprägt von der Vaterrechtsbewegung, die für mehr Chancengleichheit der Väter in der Kindererziehung kämpft.

Seit den 1990er-Jahren hat sich das Familienbild langsam wieder „normalisiert". Es gibt keine starren Bilder mehr. Männer und Frauen sind selbstverständlich am Arbeitsmarkt und in der Kindererziehung. Elternzeitmodelle gelten für beide Geschlechter.

Aber Geld will verdient sein und Kinder wollen gepflegt, versorgt und geliebt werden. Wie teilen sich also Eltern die Aufgaben? Am besten ausgeglichen! Ja, gerne, und das wäre auch so lange kein Problem, wie Arbeitgeber mitspielten und beide Partner genau gleich viel Geld verdienten.

Und genau hier liegt das Problem. Karriereleitern lassen kein halbes Engagement zu und Frauen verdienen im Schnitt immer noch weniger. Und so setzen sich wieder die bekannten Rollenmuster der Jahrhundertwende durch: Der Mann geht arbeiten und die Frau bleibt zu Hause bei den Kindern. Klingt einfach! Ist es aber nicht. Denn in all den Jahren hat sich in der prinzipiellen Einstellung der Eltern einiges geändert. Die Mutter fühlt sich nicht mehr allein für die gemeinsamen Kinder verantwortlich. Der Vater ist auf die Beteiligung an Hausarbeit und Kindererziehung programmiert. Der individuelle Gestaltungsraum ist variabel geworden. Alle können alles und müssen sich zunehmend auf beiden Themenfeldern beweisen, immer häufiger gleichzeitig: Also beide arbeiten und beide erziehen Kinder. Doch da die Trennschärfe fehlt, wächst auch die Unzufriedenheit. Die Männer leiden unter dem Druck der Doppelrolle und des eigenen Anspruchs. Die Frauen fühlen sich ausgebremst und auf alte Muster zurückgestutzt.

Hat die Entwicklung der Vaterrolle also nichts gebracht? Oh doch. Es hat sich aus der seit mehr als hundert Jahren andauernden Krise und Verunsicherung ein neuer Vatertyp herausgebildet, der mit bedingungsloser Freude die Herausforderung „Kind" umfassend angenommen hat. Der „neue Vater" will das ganze Feld der Vaterschaft abdecken und Ernährer und Vorbild und lebenslanger Wegbegleiter seiner Kinder sein. Warum? Weil er weiß, dass erst die Vaterschaft so richtig glücklich macht. So sagt ein russisches Sprichwort: „Wenn du lebst, ohne Vater zu sein, wirst du sterben, ohne Mensch zu sein."

Glückquelle Kind –
das macht Väter stark!

Jeder kennt die anrührende Stimmung, wenn frischgebackene Väter mit Tränen der Rührung in den Augen ihre Neugeborenen in den Armen halten und mit stockender Stimme erzählen, dass dies der bewegendste Moment ihres Lebens ist. Doch elterliche Glücksgefühle verfliegen nach Angaben des Münchner Instituts für Glücksforschung nach zwei Jahren. Dann fällt auch dem letzten Vater nach diversen schlaflosen Nächten auf, dass der Alltag mit Kindern nicht immer ein reines Vergnügen ist. Die kleinen Erdenbürger toben, streiten, weinen, kosten reichlich Nerven und lassen kaum mehr Eigeninteressen zu. Statt mit der Partnerin in schicke Restaurants zu gehen, sitzt man in familienfreundlichen Restaurants oder gar bei Burger King und McDonalds. Statt mit Freunden einen guten Wein zu genießen, steht man sich am Fußball- oder Reitplatz die Beine in den Bauch. Und die tollen individuellen Reisen sind auch Vergangenheit: Wer mit drei Kindern in den Schulferien Urlaub machen will, landet schnell im All-inclusive-Hotel mit Kinderbetreuung.

„Aber wenn man sie friedlich in ihren Betten liegen sieht, durchströmt einen Abend für Abend wieder das Glück", sagt der Unternehmensberater Peter, der seinen smarten Zweisitzer vor Kurzem gegen eine biedere Großraumlimousine getauscht hat. „Man darf nicht immer wissen, was auf einen zukommt", sagt er augenzwinkernd. „Eine gewisse Blauäugigkeit gehört einfach dazu."

Assistenzarzt Uwe kann das nur bestätigen. „Das Glück lässt sich nicht dingfest machen. Es blitzt im Alltag nur immer auf. Mit Kindern sehe ich lauter kleine Dinge, über die ich als Erwachsener einfach hinweggesehen hätte. Wer hält schon morgens im Berufsverkehr an, weil ein Igel am Straßenrand den vorbeirauschenden Rädern bedrohlich nahe gekommen ist. Meine sechsjährige Tochter Laura zeigt mir, dass es schön ist, auszusteigen und den kleinen Kerl in Sicherheit zu bringen. Ihr Lachen als Zugabe – so schön fängt ein Tag nur mit Kindern an."

Auf was sie sich wirklich eingelassen haben, merken Väter spätestens in der Pubertät. Da wird's ernst, denn es geht nicht mehr ums bloße Toben, sondern ums Kräftemessen. Es gibt nicht Tage, nein Monate und Jahre, in denen die Nerven blankliegen können. Bereuen Väter jetzt ihr „Ja" zum Kind?

„Nein, die Widerstandskraft wächst mit dem Alter der Kinder. Auch mit den Problemen, die immer wieder auftreten. Die zu bewältigen macht stark und selbstbewusst", glaubt Uwe.

Er hat recht. Deshalb haben Väter auch ein anderes Auftreten. Ein 40-Jähriger, der gerade mal sich durchs Leben bringt, hat nicht annähernd so viel Charisma wie ein Mann, der sich auch auf dem Gebiet der Kindererziehung bewiesen hat.

„Kinder bringen mehr Tiefe ins Leben", meint der Zahntechniker Dirk. „Weil man Vorbild sein will, durchdenkt man Entscheidungen gründlicher. Man lässt sich weniger gehen, reißt sich zusammen, bekommt Rückgrat. Kinder formen die Persönlichkeit. Die Gesellschaft braucht sie, damit die Erwachsenen an ihnen wachsen."

Kinder machen wirklich nicht jeden Tag glücklicher. Aber sie schenken eine Art des Glücks, die einmalig ist. Es gibt keine andere Tätigkeit, die das Leben so sehr bereichert, wie eigene Kinder in ihrem Leben zu begleiten. Sie bieten Chancen, über den eigenen Tellerrand hinauszublicken, toleranter zu werden, die Gesellschaft zu hinterfragen, Selbstverständliches wieder bewusst wahrzunehmen. Kinder lieben ihre Eltern bedingungslos und selbstverständlich. Diese Liebe und das naturgegebene Urvertrauen der Kinder in ihre Eltern zu erleben, ist es Wert, Nachwuchs zu bekommen.

Rüdiger, ein Umweltingenieur, meint: „Wer Kinder hat, stellt sich automatisch zurück. Nicht man selber ist wichtig, nein, es sind die Kinder. Dieses Erleben der selbstlosen Liebe ist Charakter formend. Ich bin dankbar, Kinder haben zu dürfen, um mich entwickeln zu können."

Die Väter wachsen also an den Kindern. Die Geburt des Nachwuchses als Lebenschance? Ja! Natürlich gibt es eine Diskrepanz zwischen Wunsch und Wirklichkeit, aber wer über die Doppelbelastung jammert, sieht die Freude nicht, die Kinder geben. Statt das Glas als halb leer zu betrachten, sollte man sehen, was man bekommt, und sich darüber freuen. Bedingungslos! Die Freude über ein Kind muss über allem stehen. Kinder sind Glücksquellen. Nur mit ihnen bekommen Männer ein sich stetig rundendes Leben.

Wie sieht der perfekte Vater aus?

„Mal denke ich, ich müsste meinen Kindern mehr zuhören, mal glaube ich, nicht liebevoll genug zu sein. Ich bin eigentlich nie zufrieden mit mir", erzählt Richard. Der Fahrschullehrer liest viel über Kindererziehung und möchte der perfekte Vater sein. Er sagt: „Ich liebe meine Kinder und möchte einfach alles richtig machen!"

Wie sieht denn der perfekte Vater aus? Eine Beschreibung ist schnell erstellt. Der perfekte Vater:

1. hat reichlich Zeit für die Kinder
Der ideale Vater hat jeden Tag zwei bis drei Stunden Zeit für seine Kinder. Am Wochenende sind es täglich vier bis fünf Stunden. Er klammert in dieser Zeit Job und Freunde komplett aus und stellt sich ganz auf seine Kinder ein.

2. spielt
Der ideale Vater spielt viel mit seinen Kindern, albert und tobt mit ihnen herum. Er weiß, welche Sportart die Motorik unterstützt.

3. hilft bei den Schularbeiten
Der ideale Vater beaufsichtigt regelmäßig die Hausaufgaben, begleitet seine Kinder durch die Bearbeitung des kompletten Schulstoffes und unterhält einen engen Draht zu den Lehrern.

4. fördert

Der ideale Vater weiß, auf welchen Gebieten seine Kinder stark und förderungswürdig sind. Er unterstützt ihre Interessen und stärkt ihr Vertrauen in die eigenen Fähigkeiten.

4. erzieht

Der ideale Vater achtet auf eine konsequente Umsetzung festgesetzter Regeln, ist dabei ein liebevoller Begleiter seiner Kinder und lässt dort Freiräume zu, wo sie den Kindern in ihrer Entwicklung nutzen.

5. baut Emotionalität auf

Der ideale Vater zeigt seinen Kindern gegenüber seine Gefühle und begegnet ihnen mit Zuneigung, Offenheit und Verständnis. Gewaltsame Erziehungsmethoden und Wutausbrüche gibt es bei ihm nicht.

6. übernimmt finanzielle Verantwortung

Der ideale Vater sorgt für die finanzielle Sicherheit seiner Kinder.

Klingt theoretisch gut, nicht wahr? Aber bleiben Sie entspannt. Den perfekten Vater gibt es nicht. Es ist ja auch für eine Person unmöglich, alle genannten Anforderungen zu erfüllen. Wer verhält sich schon in jeder Situation angemessen, mal erwachsen und ernst, mal emotional und empathisch, dann wieder verspielt, kindisch und lustig? Väter sind Menschen, mit Fehlern, Schwächen und Unzulänglichkeiten. Sie sollten die eigene Messlatte nicht zu hoch hängen und sich nicht unnötig wie Dirk mit Selbstzweifeln quälen.

Sie wissen doch: Übung macht den Meister! Neurologen behaupten, dass man für etwas, das man wirklich gut können will, circa 10 000 Stunden üben muss. 10 000 Stunden, das sind 417 Tage am Stück. Ein guter Fußballer wie Rafael van der Vaart oder Lionel Messi muss also 417 Tage rund um die Uhr Fußball gespielt haben, um später Glanzleistungen vorführen zu können. Aber lässt sich Vatersein so üben? Muss man einfach nur lange genug probieren und kann dann im Kinderzimmer glänzen?

Leider nein! Grundlage für die 10 000 Stunden Theorie ist, dass die Aufgabe, in der man gut sein will, erlernbar ist, also bestimmten Mustern folgt und sich wiederholt. Vatersein ist jedoch jeden Tag anders. Es gibt kaum sich wiederholende Situationen und die Anforderungen verändern sich mit der Weiterentwicklung der Kinder. Dazu kommt, dass jedes Kind ein Individuum ist und anders reagiert.

Väter können Erfahrungen sammeln. Aber mit ihren Kindern und deren Verhaltensmustern fehlerfrei umgehen, das können sie nie. Vergessen Sie den Wunsch, perfekt zu sein. Werden Sie stattdessen ein Vater, an den sich Kinder anlehnen können, dem sie vertrauen und bereitwillig durchs Leben folgen. Werden Sie ein starker Vater!

Und wie sieht der aus?

Ein starker Vater ist einer, der sich immer wieder fragt, ob er ein guter Vater ist. Er ist jemand, der sich bewähren will und der bewusst mit Liebe Anteil nimmt am Leben seiner Kinder – jenseits der Zeitbudgetkonten.

Ein starker Vater versucht mit Verstand, Verlässlichkeit und Wärme Vorbild zu sein. Allerdings: Wer Vorbild sein will, muss auch ein Bild von sich haben! Deshalb steht ein starker Vater zu seinen eigenen Idealen und Wertevorstellungen. Denn er weiß: Wer sein Fähnchen nach dem Wind richtet, kann Kindern keine Führung geben.

Ein starker Vater ist bereit, immer dazuzulernen. Er überstülpt seine Kinder nicht mit festgelegten Meinungen, sondern lässt sich auch auf neue Wege ein.

Ein starker Vater zeigt Emotionen und traut sich, durchaus auch schwach zu sein. Er spielt nicht die Heldenrolle, bemüht sich aber, sein Leben nach besten Möglichkeiten zu meistern.

Ein starker Vater – wie zeigt er sich denn im Alltag? Ganz einfach, er lebt mit seinen Kindern. Ins Kino gehen und anschließend zu McDonalds macht den Kindern vermutlich viel Spaß, doch der Freizeitspaß ersetzt keine Alltagserfahrung. Es sind eher die ganz gewöhnlichen Situationen beim Essen, beim Einkaufen, auf dem Fußballplatz und beim Geburtstag der Tante, die für die Beziehung zwischen Vater und Kind so wichtig sind. Vertrauensbildung und Mitteilungsbedürfnis brauchen Raum, um sich zu entfalten.

Man kann durchaus miteinander reden und sich zuhören, wenn man etwas zusammen erledigt. Viele Väter erfahren das, wenn sie die Kinder zum Sportunterricht oder zu anderen Hobbys bringen. Auf diesen Autofahrten kommen sie ins Gespräch. Plötzlich erfahren sie, was die Kinder in der Schule bewegt, mit wem sie streiten und worauf sie sich am meisten freuen. Im Auto ist man losgelöst von der Welt, die einen rund um die Uhr gefangen nimmt. Man kann in sich hineinhorchen, sich mitteilen, kommunizieren. Und sich gegenseitig wahrnehmen. Ein starker Vater weiß das!

Kinder brauchen Väter

Aktuell leben 800 000 Kinder ohne leiblichen Vater, 1,35 Millionen ganz ohne männliche Bezugsperson. Jahrelang wurde die wachsende Vaterlosigkeit nicht als Problem gesehen. Gebraucht wurde bloß der Unterhalt, nicht der Vater selbst.

Das änderte sich erst, als Untersuchungen in Amerika ergaben, dass unter den Schulversagern, Studienabbrechern, Drogenabhängigen, Kriminellen der Anteil der Kinder, die ohne Vater aufwuchsen, überproportional hoch war.

Bei Mädchen war das Risiko einer Teenagerschwangerschaft fünfmal und die Gefahr eines Schulabbruchs dreimal so groß wie bei einem Kind aus einer intakten Familie.

Natürlich lassen sich diese Zahlen nicht 1:1 auf das Problem der nicht vorhandenen Väter reduzieren. Eine Rolle spielen auch die soziale Brisanz und mangelnde finanzielle Möglichkeiten. Aber es ist zumindest ein Trend herauslesbar, die Vaterlosigkeit als gesellschaftliches Problem zu begreifen und gegenzusteuern.

Mittlerweile hat die Forschung längst bestätigt: Kinder brauchen Väter, weil sie eine Einheit sind, die von einer Mutter und einem Vater abstammt. Jedes Kind ist die Kombination zweier Menschen, von zwei genetischen Sätzen und zwei Familiensträngen. Vater und Mutter sind ein in den untersten Seelenschichten verankertes Prinzip. Der Vater kann fortgegangen, tot oder totgeschwiegen sein, die Fantasie des Kindes wird sich immer mit ihm beschäftigen. Das Kind will geliebt werden – von Mutter und Vater. Zwei Menschen zu haben, von denen man zutiefst geliebt wird, schafft Sicherheit. Es gilt heute als gesicherte Erkenntnis, dass es keinen wichtigeren bzw. unwichtigeren Elternteil gibt. Die Eltern sind gleichwichtig für die kindliche Entwicklung.

Gleichwichtig, aber nicht gleichartig. Und damit sind wir beim zweiten Punkt. Väter fördern Kinder anders. Mütter sind eher vorsichtig und besorgt. Sie geben Geborgenheit und Wärme. Väter machen Kinder mutig und selbstbewusst. Beides zusammen macht Kinder stark fürs Leben.

Beobachten kann man das von Anfang an: Väter werfen das begeistert juchzende Baby spielerisch in die Luft. Sie motivieren den Knirps, aufs Fahrrad zu steigen, und preschen auf dem Schlitten im Rekordtempo den Abhang hinunter, dass den Müttern der Atem stockt. Auf dem Fußballplatz feuern sie den Sprössling zu Höchstleistungen an und sind unendlich stolz, wenn die Tochter sich traut, beim Schultheater die Hauptrolle zu spielen. Papas sind die großen Mutmacher. „Mein Vater hat mich am Strand in Spanien zum ersten Mal mit in die Wellen genommen. Ich hatte Angst, ihn loszulassen und zu schwimmen", erzählt die heute 22-jährige Annika. „Minutenlang habe ich an seinem Hals gehangen und er hat mir immer wieder gesagt: ‚Lass los. Du schaffst das.' Und dann habe ich es gemacht und bin mit ihm durch die Wellen getaucht. Als wir später im Sand lagen, waren wir beide richtig stolz auf uns."

Väter trauen Kindern mehr Eigenständigkeit zu. Und sie sind risikofreudiger als Mütter. So greifen sie später ein, wenn ihr Kind Ärger mit einem Spielgefährten hat, und nicken schneller ab, wenn Kinder nach und nach ihre Unabhängigkeit erproben wollen. Auf die Frage der fünfjährigen Nicole „Darf ich mir selbst ein Eis kaufen?" schüttelt die Mutter den Kopf, während der Papa sagt: „Ja klar, du packst das!"

Doch über Mut und Risikofreude hinaus prägen Väter auch das Rollenverständnis ihrer Kinder. Sie sind wichtig, damit Söhne und Töchter später in glücklichen Partnerschaften leben können.

Vater-Sohn-Beziehung

Vom Vater lernen Jungen, wie sie durchs Leben kommen

Der Vater ist das erklärte Leitbild des Jungen. Von ihm schaut er sich ab, wie ein Mann geht und steht. Ob er den Bauch einzieht und die Schultern hängen lässt, ob er sich sportlich, drahtig oder elegant bewegt. Wie er sich kleidet, wie er spricht, wie er sich gegen andere durchsetzt oder auch nicht. Verkürzt gesagt: Wie das Mannsein geht, das gucken sich Jungen vom Vater ab.

Jungen haben mehr Interesse am Wettbewerb als Mädchen. Am Kräftemessen, daran, wer größer, schneller, besser ist. Während Mütter hier oft bremsen – „Es ist doch egal, wer schneller läuft!" – verstehen Männer genau, was ihre Söhne wollen. Sie können sich daher über Erfolge ihres Nachwuchses ausgiebig mitfreuen, ihn bei Wettkämpfen besonders gut anfeuern und bei Misserfolgen trösten, besonders wenn er so ehrlich ist und auch seine eigene Niederlagen erwähnt.

Zugleich können Väter aber auch besser als die immer etwas besorgteren Mütter vermitteln, wo die Risikofreude wirklich ein Ende haben muss, zum Beispiel bei gefährlichen Mutproben, und erklären, warum es auch für coole Jungs manchmal mutiger ist, nicht mitzumachen.

TIPP: Auch bei ihren Söhnen sollten Väter immer wieder Rollenklischees überwinden. Väter und Söhne können die typischen Männerhobbys pflegen wie Fußballspielen, Bergsteigen, an Autos basteln. Aber sie können auch gemeinsam kochen oder die Wohnung putzen.

Übrigens sind Väter für Jungen umso wichtiger, da die Erziehung der Kinder bei uns überwiegend in weiblicher Hand ist. Während ihrer gesamten Kindergarten- und Schulzeit sind Kinder hauptsächlich von Frauen umgeben: Erzieherin, Grundschullehrerin, Gymnasiallehrerin, Kinderärztin, die eigene Mutter und die Mütter der Klassenkameraden. Um ihre Geschlechtsidentität gegenüber dieser weiblichen Übermacht zu behaupten, müssen sie sich abgrenzen. Also andere Werte verinnerlichen, andere Vorlieben entwickeln, ein anderes Verhalten an den Tag legen. Wenn ihnen kein Mann hilft, sich mit dem eigenen Geschlecht zu identifizieren, bleiben sie in der Dauerabgrenzung vom Weiblichen stecken. Auch das ist ein Grund für Frauenfeindlichkeit: Indem Männer nicht in den Erziehungsprozess eingebunden werden, sind die Jungen gezwungen, ständig Gegenpositionen einzunehmen, um ihre Identität zu finden und zu wahren.

So ist auffallend, dass Söhne, deren Väter an der Erziehung unbeteiligt waren, als Erwachsene deutlich häufiger aggressives Verhalten zeigen und Frauen gegenüber dominant auftreten.

Vater-Tochter-Beziehung

Vom Vater lernen Mädchen, wie Männer sind

Für ein Mädchen ist der Vater der erste Mann, zu dem es eine enge Beziehung hat. An ihm kann es beobachten, welche Verhaltensweisen Männer von Frauen unterscheiden, und lernen, damit umzugehen. In den Augen seines Vaters kann das Mädchen die Wirkung seines Verhaltens ablesen und abschätzen, wie es bei anderen ankommt. Im Umgang mit dem Vater liegt die Grundlage dafür, wie eine Frau sich selbst später einschätzt, aber auch, wie sie mit anderen Männern zurechtkommt und welchen Männertyp sie mag. Von ihm lernt sie außerdem, sich in der Männerwelt Respekt zu verschaffen.

Töchter, die erleben, dass ihr Vater sie wirklich mag, haben ein besseres Selbstwertgefühl und weniger Ängste. Sie haben weniger häufig Depressionen oder ein ungesundes Gewicht, nehmen seltener Drogen und sogar die Rate an Selbstmordversuchen ist geringer. Väter, die ihre Töchter ermutigen und fördern, sind so etwas wie eine Freikarte für beruflichen Erfolg und ein erfülltes Liebesleben.

Leider gilt das aber auch für die nachteilige Seite des Vaterseins. Töchter, die ein negatives Vaterbild haben oder sogar eine Gewaltbeziehung erlebt haben, geraten weitaus häufiger „an die falschen Männer" als Mädchen von liebevollen Vätern.

TIPP: Ein Vater sollte seiner Tochter zeigen, dass sie nicht geschlechtslos, sondern ein Mädchen ist. Er kann ihr ruhig mal sagen, wie hübsch sie ist. Er sollte sie aber zugleich nicht wie eine Prinzessin behandeln, sondern ihr helfen, Geschlechter-Stereotypen zu überwinden: Er kann mit ihr ruhig Heimwerken, Kräfte messen, sie Fußballspielen lassen oder mitnehmen zum Tag der offenen Tür bei der Bundeswehr.

Der Vater heute hat verschiedene Gesichter

Zitate von Kindern über ihre Väter:

„Mein Vater? Er ist eigentlich ein Nichts. Er möchte es allen recht machen und hat keine Autorität. Eigentlich gibt es ihn gar nicht." – Tom, 15 Jahre

„Mein Vater ist mein Erzeuger. Er interessiert mich nicht." – Wiebke, 12 Jahre

„Mein Vater ist der beste Mensch der Welt. Er ist immer für mich da und ich fühle mich schon sicher, wenn er nur in meiner Nähe ist." – Ina, 18 Jahre

„Mein Vater hat uns verlassen für eine jüngere Arbeitskollegin. Mutter ist seitdem nur noch traurig. Um mich hat er sich nie mehr gekümmert – das zeigt mir, dass ich ihm nie wichtig war." – Jan, 15 Jahre

„Mein Vater ist alles für uns. Er rackert Tag und Nacht, damit es uns gut geht." – Oliver, 16 Jahre

„Mein Vater schreit zu Hause nur rum. Wir freuen uns, wenn er Montagfrüh zur Arbeit geht und wir wenigstens in der Woche unsere Ruhe haben." – Kay, 13 Jahre

Wer das liest, erkennt: Ein Vater hat viele Gesichter. Er kann ein verantwortungsloser Geselle sein, aber auch ein liebevolles Familienoberhaupt. Er kann sich den Kindern emotional zuwenden und sie in ihrer Entwicklung unterstützen, er kann sich aber auch eher desinteressiert zeigen und auf Distanz gehen und schließlich ganz verschwinden.

In der Regel sind Väter engagiert, möchten ihren Kindern etwas mitgeben und viel Zeit mit ihnen verbringen. Doch der Erfolgsdruck und die finanziellen Verpflichtungen kollidieren damit. Zudem bremsen Trennungen und Scheidungen sie in ihrem Erziehungswunsch aus, bescheren ihnen aber wiederum eine neue Rolle als sozialer Vater in Patchworkfamilien. Dazu gibt es viele Väter, die keinen Kontakt zu ihren Kindern mehr haben. Für manche ist das eine Erleichterung. Für die weitaus meisten ist es aber der emotionale Super-GAU, der sie oft lebenslang belastet. Und für einen immer größer werdenden Teil der Väter ist die Rolle des alleinerziehenden Vaters die größte unerwartete Herausforderung ihres Lebens.

Der Vater heute hat also viele Gesichter. Modern ist an ihm, dass er sich in die Bedürfnisse und Wünsche seiner Kinder einfühlen will und mehr für sie da sein möchte, als es bislang üblich war. Denn so verschieden Väter heute leben müssen, eines eint sie alle: die grenzenlose Liebe zu den Kindern.

Der Familienvater

Arbeitsbelastung, Kinderbetreuung, Hausarbeit, Ehe: Der Familienvater heute hat kaum Zeit für sich. 49 % geben an, dauerhaft gestresst zu sein. Sind Familienväter am Rande des Burn-outs? Ja, zumal sich die Bedingungen der Arbeitswelt immer mehr verschärfen. Die Arbeit tritt mittlerweile durch

Smartphones & Co. auch nach Dienstschluss in Konkurrenz zu den Kindern. 29 % der befragten Väter geben an, im Feierabend für Kollegen, Kunden und Vorgesetzte ansprechbar zu sein. 65 % haben Angst vor einem Karriereverlust, wenn sie nicht den vollen Einsatz bringen. Und es drücken die Kosten, um das Unternehmen „Familie" in Schwung zu halten. Denn nach wie vor sind es meist die Männer, die den größten Teil des Einkommens sichern. Nur wenige Mütter haben eine Vollzeitstelle. Doch sie möchten gern auch erziehen, bei der Schullaufbahn entscheidende Impulse geben, einfach ihre Kinder aufwachsen sehen – und stecken in der lebenslangen Zwickmühle.

Zum dauerhaft schlechten Gewissen, weil man zu wenig Zeit für die Kinder hat, kommen die Auseinandersetzungen mit der Ehefrau. Denn Mütter und Väter erziehen nun einmal anders. Für die Kinder ist das ideal. Sie wachsen mit beiden Geschlechtern auf, fühlen sich von beiden geliebt und lernen, auf verschiedene Menschen zu reagieren. Doch der Alltag sieht anders aus. Für viele Kinder ist klar: Die Mutter ist die Hauptverantwortliche im Alltag, der Vater nimmt eher an den Freizeitaktivitäten teil. So weit, so gut. Leider wird er aber immer noch unbewusst „missbraucht" und soll nach Feierabend richten, was Mutter tagsüber nicht hinbekommen hat.

„Wenn ich nach Hause komme, wartet meine Frau schon mit einer Aufgabenliste auf mich. Ich soll dann den Kindern sagen, was sie alles richtig machen müssen. Dabei würde ich viel lieber mit ihnen den Abend genießen, toben, albern, Spaß haben", beklagt sich Patrick, ein Finanzbuchhalter, der es satt hat, ein ewiger Disziplinator zu sein. Er fühlt sich dabei nicht gut. Er fühlt sich überhaupt nicht mehr gut als Familienvater. Denn er muss immer mehr arbeiten für die Familie und hat immer weniger Zeit für sie. „So habe ich mir das nicht vorgestellt, damals, als meine Frau und ich uns viele Kinder wünschten", sagt er und seine Stimme klingt resigniert.

Der moderne Familienvater will mehr „mitmachen", will informiert werden, sich einbringen. Er möchte wissen, wie die Lateinarbeit ausgefallen ist, ob die Ballettaufführung ein Erfolg war und an welcher Arbeitsgruppe das Kind teilnimmt.

Doch wie war das doch gleich mit der Zeit? Und da war noch etwas mit Ehe? Auch die Ehefrau braucht liebevolle Zuwendung und Aufmerksamkeit. Das Gespenst Scheidung schwebt über allen Köpfen. Immerhin geht im Schnitt ein Drittel der Ehen in die Brüche. Das Desaster darf nicht passieren. Also muss man präsent sein, auf allen Ebenen glänzen. Man will nicht nur ein guter Vater, sondern auch ein guter Ehemann sein. Aber der Tag hat nur 24 Stunden. Arme Väter. Sitzen sie in der Familienfalle?

Nein, aber sie müssen aufpassen und hellwach sein. Der moderne Vater muss sich auf den Verlust des Eigenlebens ebenso einstellen wie auf den Gedanken, dass Feierabend eben noch lange kein Feierabend ist. Und er muss vielleicht eigene Karrierepläne etwas zurückstellen, um sich der Rolle Familienvater in allen Facetten zu widmen. Es ist auch eine Frage der individuellen Lebensplanung. Die Gesellschaft ist vielfältiger, aufgeschlossener geworden. Man kann heute wählen, was man will.

„Ich wollte mit meinen Kindern zusammen sein", sagt Jürgen, ein Tischler aus Bayern. Er hat vor zehn Jahren einen gut bezahlten Job an den Nagel gehängt und sich mit seiner Frau und drei Söhnen in Irland auf einem Bauernhof niedergelassen. Er lebt bescheiden, fast karg. „Aber abends mit meinen Söhnen durch die Wiesen zu laufen, mit ihnen zu reden, ihre Seelen zu verstehen und ihnen mitgeben zu können, wie Leben sein kann, das war mir wichtiger als ein schickes Auto und Pauschalreisen ans Mittelmeer."

Ein Fall zum Träumen? Wenigstens zum Nachdenken.

Tipps, damit das Familienleben klappt

Rollen absprechen und Aufgaben definieren

Wichtig ist, dass sich beide Partner wohlfühlen und ehrlich sagen, was sie gern machen und was nicht. Es gibt auch für Väter in Familien viele Wege, die sie einschlagen können. Die traditionelle Rolle ist nur ein Weg. Männer, die wenig Freude am Job haben, können als Hausmann glücklich werden oder sich in einem reduzierten Arbeitsverhältnis wohlfühlen. Wichtig ist die Offenheit der Partnerin und sich selbst gegenüber.

Nicht immer perfekt sein wollen

Geben Sie ruhig mal Aufgaben ab. Spannen Sie auch mal die Oma ein. Das bedeutet loslassen können und sich eingestehen: Ich bin nicht unersetzbar.

Zwiespältige Gefühle akzeptieren

Väter sind heute auf Vielfältigkeit programmiert. Es ist normal, dass sich eine gewisse Zerrissenheit einstellt.

Zeit zu zweit einplanen

Auch wenn Sie ein begeisterter Vater sind – vergessen Sie nicht, dass Sie außerdem Partner sind. Bauen Sie kleine Rituale ein, Momente, in denen Sie mit Ihrer Partnerin allein sind. Das gemeinsame Frühstück am Sonntag, wenn die älteren Kinder noch schlafen. Das gemütliche Glas Wein, wenn die Kinder schon im Bett sind. Sich austauschen, das Erlebte besprechen, das schafft Verständnis und stärkt die Bindung.

Zu seinen eigenen Bedürfnissen stehen

Ein starker Vater braucht auch Zeit für sich: zum Auspowern beim Sport, für den Männerabend beim Skat oder für sein liebstes Hobby. Denn starke Väter müssen auch mal Mann sein dürfen.

Der Vater in der Patchworkfamilie

Unsere Gesellschaft ist in Bewegung, und diese Entwicklung verschont auch die Familien nicht. Der traditionelle Familienbegriff beginnt sich immer mehr zu wandeln. Viele Beziehungen brechen auseinander, und mit neuen Partnern werden sogenannte Patchworkfamilien gegründet. Jede siebte Familie, so schätzt man, lebt heute so zusammen. Genaue Statistiken gibt es nicht.

Kein Wunder, bei den vielen Varianten. Entweder bringt die Mutter ihre Kinder mit in die neue Beziehung. Oder der Vater. Oder die Kinder von beiden Elternteilen leben in der Familie. Dazu gibt es die Möglichkeit, dass Kinder aus einer Beziehung mit dem Expartner nur am Wochenende zu Besuch sind. Hinzu kommen zudem gemeinsame Kinder aus der neuen Beziehung. Steigen Sie noch durch?

Jede Patchworkfamilie sieht anders aus. Sie hat eine andere Zusammensetzung, eine andere Entstehungsgeschichte und ein anderes Familienleben. Es gibt kein Patenrezept, wie man aus so vielen Menschen mit unterschiedlichen Herkunftsfamilien ein Konstrukt aus einem Guss machen kann.

Jürgen, ein Pilot, auf dessen Bauernhof in der Nähe von Münster an den Wochenenden sieben (!) Kinder leben (drei aus seiner ersten Ehe, vier aus der ersten Ehe seiner Frau Nicole), hat ein Rezept parat: locker bleiben. „Wenn es zu hoch hergeht, setze ich mich vor die Tür und spiele mit dem Hund!"

Jürgen rät zu Gelassenheit. Und das ist auch ein Tipp, der für alle Väter gilt. Denn so unterschiedlich wie die Patchworkfamilien sind auch die Anforderungen an die Väter.

Die sozialen Väter sollen Väteraufgaben übernehmen, aber nicht so richtig. Sie sollen erziehen, aber nur, solange es passt. Denn dann heißt es vom pubertierenden Sprössling: „Du hast mir gar nichts sagen" oder von der Mutter: „Halte dich da besser heraus. Du verstehst meinen Marc nicht."

Dann gibt es immer noch den „richtigen" Vater, der woanders lebt, sich aber schnell auf den Schlips getreten fühlt. Oder ein Vater hält zu seinen leiblichen Kindern und gerät aufgrund mangelnder Diplomatie schnell in die Fronten zwischen der neuen Partnerin und der Exfrau, der Mutter seiner Kinder. Schon beim Lesen wird einem schwindelig, so vielfältig sind die Probleme bei dem Durcheinander.

Ein Patchworkvater, egal welcher Couleur, hat eine undankbare Position. Unterschiedliche Vorstellungen von Erziehung, Besitzansprüche an die eigenen Kinder, die oft nur am Wochenende da sind, Sympathien und Antipathien zwischen ihm und den Kindern der Partnerin. Alles Fallen, in die er schnell tappen kann. Zumal Patchworkfamilien durch erhöhte Kostenbelastungen und Unterhaltszahlungen oft auch finanzielle Probleme lösen müssen und deshalb häufig der Druck der Arbeitswelt verstärkt auf dem Vater lastet.

Man sollte also wissen: Der Weg zu einer neuen, großen glücklichen Familie ist steinig, aber nicht unmöglich zu bewältigen. Aber was Sie dann erwartet, ist wunderschön. Denn eine funktionierende Patchworkfamilie hat viel Gutes. Die Kinder wachsen in verschiedenen Familien auf, die unterschiedlich funktionieren. Das macht sie offen für Neues, tolerant und aufgeschlossen. Und die sozialen Väter lernen, sich auf unterschiedliche Lebenssituationen einzustellen, werden toleranter und haben weniger Vorurteile. Doch bleiben Sie geduldig. Bis eine Patchworkfamilie zu einer funktionierenden Gemeinschaft wird, rechnen Fachleute fünf Jahre ein.

Und so geht's:

1. Schließen Sie mit der Vergangenheit ab!

„Bei Maren gab es sonntags nie Probleme am Kaffeetisch. Sie hatte so eine ruhige Ausstrahlung. Das mochten die Kinder." Sparen Sie sich Schwärmereien von der Exfrau, sie vergiften nur die Stimmung. Sehen Sie nach vorn und lassen Sie sich mit ganzem Herzen auf die neue Frau an Ihrer Seite ein. Vergleiche verletzen!

Tipp: Bleiben Sie nüchtern, wenn Sie von Ihrer Expartnerin sprechen? Gönnen Sie ihr auch ein neues Glück? Wenn Sie beides mit Ja beantwortet haben, sind Sie innerlich frei für eine neue Liebe.

2. Denken Sie realistisch!

„Ich bin glücklich wie nie. Endlich erlebe ich die Liebe meines Lebens!" Frisch verliebt und ab jetzt wird alles besser. Mit dieser Traumfrau erfüllt sich die Vorstellung vom ganz großen Glück. Doch spätestens wenn nach drei Monaten der Hormonspiegel sinkt, hat Sie der Alltag wieder. Und der sieht oft noch düsterer aus als früher, denn die Herausforderungen sind umfangreich.

Tipp: Planen Sie von Anfang an ein, dass es in jeder Beziehung krachen wird und dass es in einer Patchworkfamilie viele Streitpunkte gibt, mit denen Sie jetzt noch nicht rechnen.

3. Kinder brauchen beide Eltern!

„Wir bekommen uns nach drei Sätzen in die Haare!" Auch wenn es schwerfällt: Halten Sie Kontakt zur Expartnerin und unterstützen Sie auch Ihre neue Partnerin, Kontakt zum Exmann zu halten. Probleme lassen sich leichter lösen, wenn noch Gesprächsbereitschaft herrscht.

Tipp: Sehen Sie, dass ein entspannter Umgang mit den Expartnern Ihnen gemeinsame Stunden ermöglicht, die Sie für die Beziehung brauchen.

4. Lassen Sie sich Zeit!

„Spielzeug hat im Wohnzimmer nichts zu suchen!" Kinder müssen sich langsam an Veränderungen gewöhnen. Damit sie nicht abblocken, ist es sinnvoll, behutsam mit gemeinsamer Zeit zu beginnen. Ihre Partnerin hat mit den Kindern vermutlich eine Zeit allein gelebt und es haben sich Rituale eingeprägt. Wenn ein neuer Mann dazukommt, sollte er sich vorsichtig einbringen.

Tipp: Das Zusammensein kann man am Wochenende proben. Unter der Woche sind dann wieder die alten Verhältnisse prägend.

5. Beteiligen Sie alle Familienmitglieder!

„Wir haben ein tolles Haus gefunden. Am nächsten Ersten geht's los!" Wenn man zusammenziehen möchte, müssen alle, auch die jeweiligen Kinder, an der Planung beteiligt werden. Seine Wohnung? Ihre Wohnung? Oder etwas ganz Neues? Egal wie Sie sich entscheiden – es müssen alle damit einverstanden sein. Auch wenn es dauert – in der Regel lässt sich ein Kompromiss finden, mit dem alle einverstanden sind.

Tipp: Der Neuanfang ist leichter in einer Umgebung, die nicht von der Vergangenheit belastet ist!

6. Lassen Sie die Erziehung nicht zum Streitthema werden!

„Wieso lässt du ihn schon zum Spielen gehen. Er muss noch Vokabeln lernen!" Sinnvoll ist es, vorab zu klären, inwieweit sich jeder in die Erziehung der Stiefkinder einbringen soll. Gleichberechtigung gibt es nicht. Die leiblichen Eltern haben immer das letzte Wort. Ob es um die Schulwahl, die Ausbildung, die Fremdsprache geht – entscheiden müssen Vater und Mutter. Der soziale Vater kann aber beraten.

Tipp: Die meisten Streitpunkte beziehen sich auf Kleinkram: Wie verteilen sich die Haushaltspflichten, wann ist es Zeit, zu Bett zu gehen. Tauschen Sie die Vorstellungen aus (auch mit den größeren Kindern) und finden Sie eine gemeinsame Linie, die Gültigkeit hat.

7. Vermeiden Sie Konkurrenzdenken und Vergleiche!

„Mein Papa kann viel besser schwimmen als du!" – ein Satz, der Sie nicht ärgern darf. Im Gegenteil. Stärken Sie Kinder, wenn Sie die leiblichen Eltern loben. Das schafft ein entspanntes Klima und hilft den Kindern, Vertrauen aufzubauen. Sie haben nur eine Chance auf die Zuneigung der Kinder, wenn Sie auch deren Väter akzeptieren.

Tipp: So reagieren Sie besser: Ich kenne deinen Vater nicht gut genug, um das beurteilen zu können. Aber er wirkt sehr sportlich.

8. Nur keine Eifersucht hochkommen lassen!

„Wir brauchen nicht ins Kino zu gehen. Den Film habe ich schon mit Bernd gesehen!" Der leibliche Vater, der höchstens alle zwei Wochenenden sein Kind sieht, empfindet schnell Eifersucht auf den Patchworkfamilienvater. Er hat unbegrenzten Zugang zu seinem Kind. Das tut weh! Deshalb ist es ratsam, öfter mal die Rollen zu tauschen und sich in das Gegenüber hineinzufühlen.

Tipp: Lassen Sie sich nie als Papa anreden. Das ist dem leiblichen Vater vorbehalten. Einigen Sie sich mit dem Kind auf einen anderen Namen. Am einfachsten ist es, den Vornamen zu wählen.

9. Sprechen Sie niemals schlecht über die leiblichen Eltern!

„Die alte Hexe hat mich mit ihren ständigen Einkäufen ruiniert!" Egal wie schlimm Ihnen Ihre Exfrau mitgespielt hat — sind die Kinder dabei, ist das Thema tabu. Das gilt auch für den früheren Mann Ihrer neuen Partnerin. Äußern Sie sich niemals abwertend über die Eltern anwesender Kinder. Das hinterlässt Narben und schadet Ihrer Akzeptanz.

Tipp: Hören Sie zu, wenn Kinder ihre Eltern kritisieren. Bleiben Sie aber bei den Antworten neutral. „Es steht mir nicht zu, das Verhalten deiner Mutter zu beurteilen."

10. Stehen Sie selbstbewusst zu Ihrer neuen Familie!

„Das sind aber nicht meine Kinder!" Egal, wohin Sie gehen, egal, mit wem Sie sprechen: Drucksen Sie nicht herum. Sie sind eine Patchworkfamilie und das ist gut so. Stellen Sie sich als Familie vor, machen Sie aber bei intensiverem Nachfragen z. B. in der Schule keinen Hehl daraus, dass Sie ein sozialer Vater sind.

Tipp: Suchen Sie das Gespräch mit dem Klassenlehrer und schildern Sie Ihr Verhältnis zum Kind. Wichtig: Erkundigen Sie sich, ob Sie ohne Erziehungsberechtigung an Konferenzen teilnehmen können. Ihre Stimme ist aber nicht gültig!

Vorsicht Falle! Hier müssen Patchworkväter achtsam sein

Unterschiedliche Alltagsabläufe in den jeweiligen Herkunftsfamilien

Es kommen Menschen zusammen, die oft einen unterschiedlichen Lebensrhythmus haben. Das spielt auf Wolke sieben anfangs keine Rolle und man findet es nett und süß. Aber im Alltag kann man ganz schön aneinanderrasseln. Das betrifft schon Paare, potenziert sich aber, wenn auch Kinder dabei sein.

Fünf Punkte müssen auf jeden Fall sofort ausdiskutiert und geregelt werden: Ernährungsfragen, Erziehungsvorstellungen, Schlafenszeiten, Ordnung und Tagesstruktur.

Rivalität unter den Kindern

Völlig unterschiedliche Kinder mit verschiedenem Bildungsgrad, anderen Interessen und Lebensplänen sollen sich plötzlich mögen und interessiert miteinander umgehen. Warum? Weil zwei Erwachsene das wollen! Klappt nicht. Es geht nur mit viel Geduld und gemeinsamen Unternehmungen, bei denen sich Erwachsene zurücknehmen und zulassen, dass sich die Kinder aufeinander einlassen können.

Störende Expartner

Stress mit den Expartnern kann eine Patchworkfamilie sehr belasten. Leider kann man sich oft nicht einmal dagegen wehren, wenn eine Flut von Anwaltsschreiben ins Haus kommt und die Kosten für die Streitereien über den Kopf zu wachsen drohen.

Es geht nur mit Offenheit und dem ehrlichen Bemühen, dem betroffenen Partner den Rücken zu stärken. Oft kann eine neutrale Meinung auch den aufgebrachten Teil des Rosenkrieges beruhigen und zu mehr Mäßigung raten.

▶

Stiefväter sind keine Ersatzväter

Die Kinder der neuen Partnerin haben in der Regel bereits Väter und brauchen ihrer Meinung nach auch keinen zweiten. Dazu kommt, dass sie eine übermäßige Zuneigung zum sozialen Vater auch als Verrat am leiblichen Vater sehen würden. Das begründet oft eine unerklärliche Abneigung, manchmal sogar Feindseligkeit.

Es ist besser, als sozialer Vater ein respektvolles und freundschaftliches Verhältnis aufzubauen. Mit Autorität, aber mit viel weniger emotionalen Ansprüchen als in einer Eltern-Kind-Beziehung. Wenn sich ein inniges Verhältnis entwickelt, ist das wunderbar. Aber es braucht Zeit.

Der Wochenendvater

Das Leben der Wochenendväter, also der von der Familie getrennten Väter, bringt viele Probleme und Herausforderungen mit sich, die Vollzeitväter so nicht kennen: regelmäßige Abschiede, ein Leben zwischen Singlefreiheit und Familienpflichten und immer wieder Streitereien und juristische Auseinandersetzungen.

„Früher habe ich meine Kinder jeden Tag gesehen und ihren Alltag geteilt. Ich habe ihre Freundschaften miterlebt, die Erfolge beim Sport, Schulprobleme. Nach der Trennung ist nichts mehr, wie es einmal war", sagt Olaf, ein Handelsvertreter, und seine Stimme klingt voller Wehmut.

Der Vater, der aus dem Familienzuhause auszieht und eine eigene Wohnung hat, lebt in einer völlig veränderten Situation.

Er ist den größten Teil des Monats kein Familienvater mehr, sondern wieder Single oder Partner. Das bedeutet andere Rituale, andere Einkäufe, in der Regel auch weniger Platz. Eine Riesenumstellung, die ganz viel Kraft kostet. Olaf hat sich bis heute, zwei Jahre nach seinem Auszug, noch nicht davon erholt. „Ich bin ständig krank. Herzrasen. Der Arzt sagt, es ist die Aufregung", erzählt er.

Das Schlimmste für ihn ist, dass das Zusammensein mit dem geliebten Kind keine Selbstverständlichkeit mehr ist, sondern geplant, organisiert und abgesprochen werden muss. Scheidungsväter können nicht mehr selbstverständlich ihre Tochter knuddeln und herzen, nicht mehr mit ihrem Sohn bolzen oder einfach ganz banale Dinge tun, wie mit den Kindern zum Tanken fahren oder schnell ein paar Brötchen holen. Die Zeit mit dem eigenen Kind ist zugeteilt, begrenzt, bestenfalls wohlwollend, schlimmstenfalls abwehrend und behindernd.

Viele Väter halten den ständigen Schmerz, den Druck des immer wiederkehrenden Kampfes, die Streitereien und das Abwehren nicht aus und geben ihr Kind irgendwann auf.

30 % aller Väter haben bereits nach zwei Jahren keinen Kontakt mehr zu ihren Kindern. Eine alarmierende Zahl. Aber man darf nicht leichtsinnig schelten und davon ausgehen, dass diese Väter es sich gut gehen lassen und endlich froh sind, der Familienhölle und damit ihren Verpflichtungen entkommen zu sein. Nein, ähnlich wie im Drama „Der Kaukasische Kreidekreis" von Berthold Brecht lassen sie los, was sie am meisten lieben. Um das Kind zu schützen und sich nicht länger quälenden Hasstiraden auszusetzen, verzichten

sie auf ihr Lebensglück und werden – welch Purzelbaum des Schicksals – auch dafür wieder von den Müttern und der Umwelt, später auch von ihren eigenen Kindern verdammt. Oft lebenslang.

Doch die Mehrzahl der Väter versucht, sich den Gegebenheiten zu fügen, und beginnt ein Leben in zwei Welten. An vier bis fünf Tagen im Monat und zwei Wochen im Jahr sind sie Väter. Die restliche Zeit bauen sie sich ein neues Leben auf. Mit einem anderen Partner und oft auch weiteren Kindern. „Aber damit das klappt, muss man wie ein Zirkusdompteur alles im Auge haben und immer am Ball bleiben", sagt der 36-jährige Finn, der seine neunjährigen Zwillinge Jan und Jule jedes zweite Wochenende zu sich holt. Der Angestellte ist wieder verheiratet und vor einem Jahr zum dritten Mal Vater geworden. Er weiß: „Als Wochenendvater bekommt man die Liebe seiner Kinder nicht mehr automatisch. Man muss sie sich immer wieder neu erarbeiten."

Der Kontakt zum Kind aus der alten Beziehung darf deshalb nie abreißen. Wichtig ist, die Wochenendverabredungen weitestgehend einzuhalten. Kinder wollen und brauchen Verlässlichkeit. Zusagen und Absprachen müssen erfüllt werden. Denn wenn der Vater absagt, beziehen besonders kleinere Kinder das schnell auf sich. War ich nicht lieb genug? Habe ich Papa enttäuscht? Väter können Kindern diese Nöte ersparen und sich die Wochenenden einfach freihalten.

Was ist, wenn der beste Freund Geburtstag hat? Wie verhalte ich mich, wenn der Chef unbedingt möchte, dass ich noch einmal ins Büro komme? Die Frage lässt sich schnell beantworten:

Das Jahr hat 8760 Stunden. Bei einer Wochenendbeziehung bleiben davon pro Jahr 1200 Stunden (die Ferien sind dabei nicht berücksichtigt) für Ihr Kind. Wenn Sie dann noch berechnen, wie wenige Jahre das Kind in einem Alter ist, in dem es überhaupt etwas mit Ihnen unternehmen will, dann brauchen Sie doch nicht mehr zu überlegen, oder?

Sprechen Sie in Ihrem beruflichen und privaten Umfeld offen über Ihre Lebenssituation und erklären Sie, warum Sie sich ausklinken müssen. Sagen Sie klipp und klar, dass Ihr Kind vorgeht – bedingungslos! Man wird Sie verstehen. Klar kann man Kinder auch oft mitnehmen. Sie haben Spaß auf Partys und Feiern. Aber denken Sie daran, dass sie sich wohlfühlen müssen. Schenken Sie den Kindern Aufmerksamkeit. Von der Mutter abgeholt und vom Vater abgestellt zu werden – das rächt sich später bitter.

Dabei geht es nicht darum, immer aufregende Sachen bieten zu müssen. Mal wieder eine Kanutour, den neuesten Film im Cineplex und anschließend das tolle Essen im Fast-Food-Restaurant. Und für den Nachhauseweg muss sich der Vater am besten noch eine Pappnase aufsetzen oder den Polizeiwagen anhalten und den Nachwuchs mit Blaulicht heimkutschieren. Alles Quatsch! Kinder brauchen nicht immer die tollen Erlebnisse. Die fördern auch nicht das Miteinander. Viel wichtiger ist es, an den Wochenenden echten Austausch zu ermöglichen.

Kinder müssen mit ihren Vätern etwas anfangen können. Die sollen zuhören, Vertrauen schenken, einfach da sein. Das ist wichtiger, als immer das ganz große Rad zu drehen und ein Showprogramm zu bieten. Besonders wenn es auch eine neue Freundin oder gar Familie gibt, ist es sinnvoll, die Kinder einfach in den Alltag zu integrieren.

Bedenken sollte man als Vater auch, dass man mit zu viel Programm die Mütter verschreckt. Sie müssen die ganze Woche den Alltag meistern, mit Schule, Kochen und Hausaufgaben. Für große Unternehmungen fehlen oft die Kraft und auch das Geld. Deshalb versetzt es ihnen immer einen Stich, wenn Sonntagabend die Kinder nach Hause kommen und fröhlich erzählen, was sie wieder mit ihren Vätern alles Großartiges erlebt haben. Deshalb gilt: Väter beruhigt euch! Schaltet einen Gang zurück und seid entspannt, aber präsent.

Doch es reicht nicht nur, schöne Wochenenden zu verbringen. Auch in der Zeit dazwischen darf der Kontakt nicht abreißen. Väter, die die Bindung zu ihren Kindern erhalten wollen, müssen auch Alltagserlebnisse mit ihnen teilen. Ein Kind, das eine gute Zensur geschrieben hat, möchte sich spontan mitteilen und gelobt werden. Denken Sie an die Tochter, die sich mit der Freundin gestritten hat, oder an den Sohn, der beim Fußball schlechte Leistungen gebracht hat und jetzt vom Trainer auf die Reservebank verbannt wird. Sie brauchen jemanden zum Reden. Situationen, in denen ein guter Vater ein Ansprechpartner sein sollte. Oftmals trennen Kinder und Wochenendväter mehr als nur ein paar Straßen. Manchmal sogar die halbe Bundesrepublik. Was aber immer bleibt, ist das Telefon.

Die meisten Kinder telefonieren gern. Das Telefonat mit Papa kann selbstverständlich werden, so wie früher die Gutenachtgeschichte oder das gemeinsame Abendessen. Man kann feste Telefontermine vereinbaren, an denen man sich über den

Tag austauscht. Aber auch spontane Gespräche sind sehr hilfreich und stärken die Vater-Kind-Bindung. Väter, die immer erreichbar sein können, sind im Vorteil. Schnell rechts ran fahren und zuhören, nachfragen, erklären lassen. Kindern gibt das Trost in der Situation, aber auch Sicherheit und die Gewissheit, nicht allein zu sein. Genau dafür stehen starke Väter: Liebe zeigen, Lob aussprechen, Anerkennung geben und Mut machen. Warum nicht auch per Telefon.

Zu guter Letzt noch ein Thema: Ein Wochenendvater kann noch so guter Absicht sein und mit vollem Herzen sein Bestes geben wollen. All das bringt nichts, wenn die Mutter der Kinder nicht mitspielt. Sie kann alle guten Vorsätze zunichtemachen, indem sie den Umgang blockiert. Die Gründe können vielfältig sein. Es gibt die Eifersucht auf die neue Frau und das vermeintlich bessere Leben des Partners. Oder auch Rache für das empfundene Leid in der Beziehung oder Überforderung, weil man allein nicht zurechtkommt und die Erziehung stressig ist. Viele Mütter haben aber auch Angst um die geliebten Kinder, weil sie nicht wissen, was der Vater, dieser Chaot, wieder mit ihnen macht.

Hier gilt: Feindschaft und Aggressionen helfen in keinem Fall. Ein vernünftiges Gespräch aber kann immer helfen. Auch wenn es Vätern schwerfällt – es muss sein, zu der Mutter der Kinder ein halbwegs ordentliches Verhältnis aufzubauen. Wenn es absolut nicht geht, ist es sinnvoll, einen Vermittler einzuschalten, der die guten Absichten übermittelt und behutsam klarmacht, worum es geht: um die Kinder, die Wesen, die beide lieben, und nicht um alte Rechnungen, die bei gescheiterten Ehen und Partnerschaften auf beiden Seiten immer offen sind.

Tipps, wie man als Wochenendvater mit den Kindern umgeht

Zehn Dinge, die ein guter Wochenendvater unbedingt tun muss:

1. Zuverlässig sein und Absprachen einhalten
2. Selbstverständlich Unterhaltszahlungen leisten und nicht ständig über die angebliche Großzügigkeit sprechen
3. Keine Versprechungen geben, die er nicht halten kann
4. Erreichbar sein, wenn die Kinder ihn brauchen
5. Nicht beleidigt sein, wenn die Kinder mal keine Lust haben oder etwas anderes Wichtiges vorhaben, z.B. einen Termin mit dem Sportverein oder den Geburtstag einer Freundin
6. Niemals schlecht über die Mutter reden
7. Die neue Partnerin nicht als Ersatzmama einführen
8. Die Kinder niemals in die Situation bringen, sich für den Vater und gegen die Mutter entscheiden zu müssen
9. Mit der Mutter vernünftig reden und getroffene Absprachen einhalten
10. Regelmäßig anrufen – und zwar alle Kinder

Zehn Dinge, die ein Wochenendvater auf keinen Fall tun sollte:

1. Erzählen, wie aufwendig es doch für ihn war, Zeit für seine Kinder herauszuschlagen
2. Ständig darüber sprechen, wie sehr ihn die Kosten für die Kinder auffressen und auf was er alles verzichten muss
3. Den Termin umwerfen, weil „etwas dazwischengekommen" ist
4. Jammern und von seinen Sorgen erzählen, wie schlecht er allein zurechtkommt
5. Sich als Erzieher aufspielen, der am Wochenende alles wieder zurechtbiegen muss, was die Mutter versäumt hat
6. Ständig neue Freundinnen vorführen und die Kinder sich selbst überlassen

▶

7. Die Namen der besten Freunde seiner Kinder vergessen
8. Endlich mal klarstellen, warum die Beziehung zur Mutter gescheitert ist
9. Vorwürfe machen, weil die Kinder sich nicht oft genug melden
10. Auf Besuchstermine bestehen, obwohl die Kinder wichtige Termine haben wie ein Sportturnier oder den Geburtstag der besten Freundin

Der verwaiste Vater

Kinder brauchen Väter. Und doch haben schätzungsweise 60 % der geschiedenen Väter keinen Kontakt zu ihren Kindern. Bei der Hälfte von ihnen ist der Kontakt bereits innerhalb der ersten zwei Jahre nach der Trennung abgerissen.

Was ist los? Ist der Durchschnittsvater so lieblos, gefühlskalt und desinteressiert, dass er froh ist, seine Kinder los zu sein? Oder ist er einfach nur verantwortungslos? Oder treibt ihn die Arbeitssucht zu so viel Gleichgültigkeit? Überraschend liest sich dazu eine Studie der Universität Berlin, nach der sich 86 % der geschiedenen Väter mehr Kontakt zu ihren Kindern wünschen und die Gerichte sowie auch ihre Exehefrauen bzw. Expartnerinnen dafür verantwortlich machen, dass sie ihre Kinder nicht sehen. Das Aus ist demnach unfreiwillig und kommt für die Väter in der Regel völlig unerwartet. Heiner (36), ein Mediziner, erzählt: „Vor der Trennung konnte ich nicht genug für meinen Sohn tun. Meine Frau, Medizinerin wie ich, war stolz, dass ich so ein engagierter Vater war und sogar ein Jahr in Elternzeit gegangen bin. Danach haben wir uns abwechseln wollen: Ein Jahr wollte ich zu Hause bleiben, ein Jahr sie. Doch dazu kam es gar nicht mehr. Nach der Trennung kehrte sich alles um. Ich sollte mich aus der Erziehung heraushalten. Ich würde meinen Sohn nur durcheinanderbringen. Ich könne plötzlich mit Kindern nicht mehr umgehen und mein Sohn habe auch Angst vor mir."

Wie sollen Väter das begreifen? Jahrelang wurden ihnen in den Medien und in der Gesellschaft erklärt: Väter sollen Präsenz zeigen und sich an der Erziehung beteiligen. Es herrscht endlich Gleichberechtigung an der Wiege. Doch kaum verstehen sich die Paare nicht mehr, soll der Vater kein Vater mehr sein. Er ist überflüssig, kann ruhig ganz verschwinden und einem Nachfolger Platz machen. Warum, das können am besten die Mütter erklären. Meist führen sie immer dieselben vier Argumente an, die die Väter ausknocken.

1. Zerrissenheit – das Kind fühlt sich durch den ständigen Wechsel zwischen Mutter und Vater hin- und hergerissen und kann sich nicht mehr auf einen Lebensalltag, eine Erziehungsmethode und einen Lebensrahmen einstellen. Aus der Sicht der Mutter ist es einfacher, wenn es nur ein Umfeld gibt.

2. Ruhe – das Kind braucht Ruhe. Die ursprüngliche Familie ist zerstört. Die Restfamilie soll wieder zur Normalität finden. Das ist umso wichtiger, wenn es in der Restfamilie wieder einen neuen Partner gibt, der als Vaterersatz präsent ist. Der alte Vater ist damit ein Störenfried, der den Aufbau einer neuen heilen Welt behindert.

3. Trauer – die Begegnung mit dem Vater erinnert immer an die alte Familie. Jedes Treffen reißt Wunden auf. Reaktionen wie Verhaltensauffälligkeiten und psychosomatische Symptome werden als Beleg für die Belastung herangeführt.

4. Unfähigkeit – das Kind kommt mit den Erziehungsvorstellungen des Vaters nicht zurecht, weil sie nicht denen der Mutter entsprechen.

Das sind die Probleme, die Kinder haben, weil sie mit der Trennungssituation nicht zurechtkommen. Eltern müssten gemeinsam versuchen, hier zu helfen und Leid zu lindern. Doch leider fehlt dazu die passende Ebene. Der Paarkonflikt überdeckt Herz, Verantwortung und Vernunft. Während die Männer die Finanzen als Druckmittel einsetzen, versuchen Frauen häufig mithilfe der Kinder, dem ehemaligen Partner etwas heimzuzahlen, angeblich erlittenes Unrecht zu rächen. Dabei handeln beide Parteien nicht immer bewusst. Doch die Paardynamik ist so heftig, dass es selbst bei gutem Willen schwerfällt, sich auf Fakten zu konzentrieren.

Das gilt sowohl für den Vater als auch für die Mutter. Nur dass der Einsatz „Kind" für das weitere Leben der Väter folgenschwer ist. Denn sie können sich kaum wehren. Bei den Familiengerichten herrscht die einhellige Meinung: Kinder gehören zur Mutter. Bis heute berücksichtigen die Familiengerichte auch nicht den Wunsch vieler Väter, statt sich mit hohen Unterhaltszahlungen lieber in Form einer Betreuung am Unterhalt der Kinder zu beteiligen. Die gängige Praxis ist immer noch, dass der Vater arbeitet und seiner Unterhaltspflicht nachkommt, während die Mutter die Versorgung übernimmt.

Der erzwungene emotionale Rückzug geht an den meisten Vätern nicht spurlos vorbei. Den Mediziner Heiner haben der Verlust des geliebten Sohnes und die jahrelange Auseinandersetzung mit Gerichten und Jugendämtern in die Depression getrieben. Er ist in einer ambulanten Therapie, um den emotionalen Verlust verarbeiten zu können. „Seit ich meinen Sohn nicht mehr sehen kann, fühle ich mich innerlich leer. Ich habe mit ihm den Sinn in meinem Leben verloren und an nichts mehr Freude." Schlimme Sätze, wie sie vielen verwaisten Vätern durch den Kopf gehen.

Was kann helfen?

Eltern müssen begreifen, dass Trennung und Scheidung die in der Beziehung aufgehäuften Probleme nicht lösen. Sie sind jetzt kein Paar mehr, aber immer noch Eltern. Doch wie sollen sie gemeinsam ein Kind erziehen, wenn sie überhaupt nicht miteinander zurechtkommen? Auf keinen Fall, indem sie auf stur schalten und sich ignorieren. Erstrebenswert sollte ein spontaner, lebendiger und toleranter Umgang sein. Eltern müssen ihre Spannungen kontrollieren und miteinander reden, sich austauschen und Entscheidungen treffen. Doch das erfordert sowohl von den Erwachsenen als auch den Kindern ein hohes Maß an Reflexion und Toleranz. Von den Erwachsenen kann man beides erwarten, nicht aber von Kindern.

Kinder reagieren deshalb häufig mit Ablehnung, Beschimpfung und brechen oft den Kontakt von sich aus ab. Wenn das passiert, haben Väter so gut wie keine Chance auf eine zeitnahe Versöhnung. Circa 65 % der betroffenen Väter sehen ihre Kinder in solchen Fällen jahrelang nicht wieder.

Väter machen es sich in ihrer Verletztheit leicht, indem sie den Müttern unterstellen, die Kinder manipuliert zu haben, was zu neuerlichen Aggressionen führt. Ein verhängnisvoller Kreislauf, der Kinder und Eltern manchmal für immer gefangen hält.

Doch warum wollen Kinder ihre Väter nicht sehen? Natürlich gibt es berechtige Begründungen, weil sie sich einfach nicht wohlfühlen, nicht liebevoll und kindgerecht umsorgt oder gar vernachlässigt werden. Doch bei den meisten Kindern hat es andere Gründe.

Nach einer Umfrage einer Krankenkasse gaben befragte Kinder zwischen 8 und 13 Jahren an:

- 42 % leiden unter dem Loyalitätsdruck. Sie spüren die Traurigkeit der Mutter, wollen ihr nicht wehtun und sie damit auch nicht allein lassen.
- 65 % schlagen sich auf die Seite der Mutter, weil sie große Angst haben, nach der Trennung auch noch den anderen Elternteil zu verlieren.
- 25 % geben an, dass es ihnen beim Vater nicht gefällt.
- 55 % meinen, sie hätten zu wenig Zeit, weil sie Schularbeiten und Sportverpflichtungen hätten.
- 18 % wollen nicht, weil der Vater unfähig ist, mit Kindern umzugehen, und sich nicht um sie kümmert.
- 45 % erwähnen, dass der Vater keinen Unterhalt zahlt und sie ihn deshalb gar nicht mehr sehen wollen.

„Mein Vater hat meine Mutter immer nur schlechtgemacht",
sagt der heute 23-jährige Niklas. Seinen Vater hat der Infor-
matikstudent seit zehn Jahren nicht mehr gesehen. „Nach
allem, was passiert ist, kann ich mich nicht mehr mit ihm an
einen Tisch setzen. Er hat meiner Mutter jahrelang mit Brie-
fen und Forderungen zugesetzt. Es käme mir wie ein Verrat
vor."

Was können Väter tun, deren Kinder sich von ihnen entfremdet haben und die massive Ablehnung erfahren? Sie müssen am Ball bleiben. Es bringt nichts, aus der Enttäuschung
heraus auf stur zu schalten. Der Vater ist der Erwachsene. Er
sollte mit Weitsicht und Liebe versuchen, sein Kind wieder
ins Boot zu holen.
Wenn Ihnen manchmal Zweifel kommen, ob so viel Einsatz
angemessen ist, denken Sie daran, dass nicht Ihr Kind die
Familie getrennt hat, sondern dass Sie als Eltern es waren.
Deshalb haben Sie auch die Verpflichtung, Schadensbegren-
zung zu betreiben und die Hand zur Versöhnung zu reichen:
immer wieder, wenn es sein muss lebenslang.

Das können verwaiste Väter tun, um ihre Kinder zurückzu-
gewinnen:

1. Nicht abwarten! Jeder Tag ohne Kontakt zu Ihrem Kind
   entfremdet es immer mehr von Ihnen. Lassen Sie keine
   Zeit verstreichen.
2. Alle Möglichkeiten ausnutzen! Nutzen Sie alle Wege, die
   Ihnen zur Verfügung stehen (Mails, Telefon, Briefe, Post-
   karten, Webseite mit Fotos).

3. Familienrituale einhalten! Geburtstage, Zeugnisausgabe, Weihnachten – reagieren Sie zu allen üblichen Anlässen.
4. Um Hilfe bitten! Fragen Sie Familienmitglieder und Freunde, ob sie vermitteln wollen. Lassen Sie sich erzählen, was Ihr Kind gerade macht und woran es Freude hat.
5. Mediator einschalten! Und bitten Sie die Expartnerin um die Teilnahme an einem Gespräch.
6. In Kontakt mit der Mutter bleiben! Vermeiden Sie grundsätzlich Vorwürfe im Gespräch mit der Kindsmutter.
7. Mit dem Jugendamt sprechen! Wägen Sie ab, ob es sinnvoll ist, ein Umgangsrecht einzuklagen.
8. Gutachten einholen! Drängen Sie auf eine psychologische Beurteilung des Kindes.
9. Unterstützung holen! Sprechen Sie mit Beratungsstellen oder Selbsthilfegruppen.
10. Einladungen aussprechen! Sie bleiben in Kontakt, indem sie immer wieder gemeinsame Unternehmungen vorschlagen.
11. Selbstvorwürfe vermeiden! Stattdessen sollten Sie versuchen, sich abzulenken. Unternehmen Sie etwas mit Freunden, treten Sie in einen Verein ein.
12. Nie aufgeben! Die Vater-Kind-Bindung ist lebenslang.

Der alleinerziehende Vater

Sie sind die am schnellsten wachsende soziale Gruppe in Deutschland: alleinerziehende Väter. 350 000 Väter erziehen in Deutschland ihre Kinder allein. Zum Vergleich: Vor 15 Jahren waren es gerade mal 200 000. Insgesamt machen sie 13 % der Alleinerziehenden aus.

Die Gesellschaft bewundert sie als Helden. Es gibt Respekt und Anerkennung vor der tollen Leistung, allerdings immer gemixt mit Zweifeln, ob ein Mann das allein alles hinkriegt. Denn es wird von alleinerziehenden Vätern oft erwartet, dass sie automatisch in die weibliche Rolle schlüpfen. Es wird beobachtet, wie der Vater den Haushalt meistert, ob er gut bügelt, kocht und backt. Aber das ist natürlich Unsinn. Ein Mann bleibt auch als alleinerziehender Vater ein Mann. Typisch weibliche Interessen stehen im Hintergrund. Ordnung ist nicht das beherrschende Thema. Häuslichkeit nicht seine Sache. Der Haushalt wird mit den Kindern „nebenbei" gemeinsam erledigt. „Wir mussten anfangs zu viert in einer Zweizimmerwohnung leben. Klar war da nicht alles perfekt", erinnert sich Peter, ein IT-Spezialist, der innerhalb von einer Woche seine zwei kleinen Kinder bei sich aufnahm, weil seine Exfrau plötzlich Karriere machen wollte und ein Jobangebot im Ausland angenommen hat. „Ich war total überfordert, wollte aber auf jeden Fall für meine Kinder sorgen. Es ging drunter und drüber. Aber mit guter Organisation und dem Einsatz meiner Mutter hat es schließlich bestens geklappt. Doch mit Äußerlichkeiten halten wir drei uns bis heute nicht sonderlich auf."

Kinder von alleinerziehenden Vätern sind deutlich selbstständiger, was Zimmeraufräumen, Wäschewaschen und Kochen anbelangt, und geben an, sehr viel mit ihren Vätern zu unternehmen. Denn alleinerziehende Väter zeichnen sich durch

Unternehmungslust und Aktivität aus. Sport treiben und ins Kino gehen, Campen und Fahrradtouren. Es passiert viel.

Und noch etwas ist wichtig: Alleinerziehende Väter beeinflussen das Selbstwertgefühl ihrer Kinder positiv, da alle mit anpacken müssen und sich als Notgemeinschaft verstehen. Sowohl Jungen als auch Mädchen profitieren davon. Heiners Kinder sind mittlerweile kurz vor dem Abitur und sagen gern: „Wir sind stolz auf uns!"

Aber wie wird man überhaupt ein alleinerziehender Vater? In fast 80 % der Fälle sind Trennung und Scheidung die Ursache. Wer dann die Kinder bekommt, hat meistens überdurchschnittlich konfliktreiche Trennungen hinter sich. Denn in der Regel bleiben die Kinder bei ihren Müttern. Nur wenn die freiwillig verzichten oder nicht in der Lage sind, mit den Kindern zu leben, was mehrheitlich der Fall ist, bekommen die Väter das Sorgerecht. Bei Jürgen, einem 50-jährigen Techniker aus Bremen, standen eines Nachts seine drei Kinder im Schlafanzug vor der Tür. Die geschiedene Mutter war Alkoholikerin und hat sich im Rausch nächtelang in Lokalen herumgetrieben. Jürgen hatte Monate darum kämpfen müssen, dass das Jugendamt eingreift. Vergebens. „Sie können sich doch nicht um die Kinder kümmern", hatte die Sachbearbeiterin immer gesagt und die Kinder bei der suchtkranken Mutter gelassen. Erst als sich seine Kinder selbst dafür entschieden, beim Vater zu leben, und einfach abhauten, kam Bewegung ins Spiel und Jürgen erhielt das Sorgerecht.

„Jugendämter sind Mütterämter" glauben neben Jürgen auch viele andere Väter, die sich in solchen Notfällen durch den

Behördendschungel gekämpft haben und für ihre Kinder sorgen dürfen.

Der große Unterschied zu den alleinerziehenden Müttern: Alleinerziehende Väter sind Arbeitsmänner. 81 % sind berufstätig (zum Vergleich: 70 % der alleinerziehenden Mütter arbeiten). Über 90 % arbeiten mehr als 30 Stunden. Entsprechend gering ist die Sozialhilfequote. Während fast 25 % der alleinerziehenden Mütter auf Hartz IV angewiesen sind, nehmen nur 3,5 % der Männer staatliche Hilfe in Anspruch. Für Männer ist es selbstverständlicher, zu arbeiten, wenn sie Kinder haben. „Ich will meinen Kindern ein Vorbild sein. Sie müssen lernen, dass man Leistung bringen muss, um über die Runden zu kommen."

Der Arbeitsmarkt macht es ihnen aber schwer, Job und Familie zu vereinbaren. Sie sind in höherem Maße auf Ganztagskindergärten angewiesen und brauchen in der Regel noch zusätzliche Betreuung. Nur 66 % der alleinerziehenden Väter geben in Umfragen an, dass ihre Arbeitgeber die Familiensituation berücksichtigen. 34 % sagen, dass sie dies ausdrücklich nicht tun.

Das führt zu vielen Problemen bei der Alltagsorganisation. Oft müssen sie auf der Karriereleiter mehrere Schritte rückwärtsgehen. Führungspositionen sind mit Kind meist gar nicht mehr regelbar. Jürgen hat seinen gutbezahlten Job als Techniker aufgegeben und arbeitet heute als Betreuer bei der Polizei. „Die Arbeitszeiten sind einfach familienfreundlicher!"

Die Väter sind dazu bereit, sich zurückzunehmen, weil es ihnen wichtig ist, sich um die Kinder zu kümmern. 60 %

würden gern weniger arbeiten, doch die Gesellschaft akzeptiert diesen Lebensentwurf bei Männern nicht, noch nicht. Teilzeitstellen sind nur in wenigen Berufsbereichen vorhanden. Auf Arbeitszeitreduzierung lassen sich die Arbeitgeber in der Regel nicht ein.

Also versuchen Väter, beides irgendwie hinzubekommen.

Dabei ist das Geld knapp. Denn nur 19 % der Väter bekommen Unterhalt für ihre Kinder, gerade mal 1 % bekommt Unterhalt für sich. Damit haben sie eine finanziell komplett andere Ausgangslage als alleinerziehende Mütter.

Die Überforderung hinterlässt Spuren. Alleinerziehende Väter leiden zunehmend unter psychischen Problemen wie Depressionen und Burn-out und kämpfen gegen wachsende Suchtprobleme. Zudem klagen sie über ein geringes soziales Leben. Alleinerziehende Väter können sich keinen Babysitter leisten und haben kein soziales Netzwerk. Sport und Hobbys bleiben auf der Strecke. Ihnen fehlen Freunde. Von anderen Männern werden sie als Exoten angesehen. Und sie können nicht netzwerkorientiert sein. Auf dem Spielplatz oder beim Alleinerziehendentreff sind sie klar in der Minderheit. Ihnen fehlt der Austausch mit anderen Vätern.

Doch gefragt, ob sie ihre Rolle lieben, kommt zu 100 % ein klares Ja. „Ich bekomme Liebe und Bestätigung satt", sagt Peter. „Das wiegt alle Mühe auf."

Zehn Tipps, wie Sie als alleinerziehender Vater den Kopf oben behalten

1. Scheuen Sie sich nicht, um Hilfe zu bitten: Eltern, Schwiegereltern, gute Freunde, Nachbarn – Sie brauchen Unterstützung!

2. Spielen Sie mit offenen Karten und schildern Sie am Arbeitsplatz Ihre Situation. Es gibt eine Lösung!

3. Suchen Sie Gespräche im Kindergarten und der Schule. Man kann Sie unterstützen!

4. Klare Organisation ist wichtig – Kind und Job unter einen Hut zu bekommen ist ein Managementjob. Erstellen Sie jeden Sonntag einen Wochenplan mit allen Terminen!

5. Geben Sie bestimmte Arbeiten ab: Bügelwäsche, Putzen, Nachhilfe!

6. Lassen Sie sich nicht auf den Hausmann reduzieren, sondern suchen Sie die Bestätigung nach wie vor im Job.

7. Versuchen Sie trotz allen Verantwortungsgefühls auch Freiräume für sich zu finden. Treffen Sie sich mit Freunden und Kollegen, treiben Sie Sport!

8. Binden Sie die Expartnerin – sofern möglich – mit in das Familienleben ein. Sie ist und bleibt die Mutter Ihrer Kinder!

9. Blicken Sie in die Zukunft und denken Sie an eine neue Partnerschaft. Flirten Sie!

10. Bleiben Sie gelassen, wenn es mal nicht so gut läuft. Perfektionismus passt nicht!

Vater sein – so geht das!

Sie haben nun gelesen, wie sich die Vaterrolle im Laufe der Geschichte verändert hat und wie viele unterschiedliche Lebensentwürfe es heute für den modernen Vater gibt. Kein Wunder, dass er bei den vielfältigen Anforderungen ins Schlittern gerät und nicht mehr so recht weiß, ob er wirklich alles richtig macht.

Wie soll denn ein starker Vater sein? Er soll erkennen, dass alles, was sein Kind fühlt, wichtig ist. Er soll es halten und auffangen, wenn es stolpert und zu fallen droht. Er soll es nicht ständig belehren, sondern ihm mehr zuhören und erkennen, was ihm Freude macht und was es interessiert. Ein starker Vater sieht die Stärken seines Kindes mehr als die Schwächen und ermuntert es, sich zu beweisen. Dabei vergisst er nicht, Vorbild zu sein, und lehrt seinem Kind, sich für andere einzusetzen. Zu viel? Nein. Denn Vatersein ist gar nicht schwer. Friedrich Schiller schrieb: „Nicht Fleisch und Blut, das Herz macht uns zu Vätern." Wer daran anknüpft, ist mit Sicherheit ein starker Vater. Denn nichts trägt so sehr durch ein Kinderleben wie ein liebendes Herz.

Damit aber auch im Alltag Hürden genommen und Probleme gemeistert werden können, gibt es Grundregeln, die jeder kennen sollte, ein handwerkliches Rüstzeug, das angewendet aus jedem Vater einen starken Vater macht:

1. **Zeit richtig nutzen**
2. **Aktive Kommunikation lernen**
3. **Empathie üben**

4. Loben
5. Konfliktfähig sein
6. Leistungsbereitschaft stärken

Zeit richtig nutzen

Im Schnitt verbringt ein Vater täglich gerade mal 60 Minuten Zeit mit seinen Kindern. Die andere Zeit des Tages ist mit Arbeit und Alltagserledigungen ausgefüllt. Es ist also eine wertvolle Stunde, die aber nur dem Vater-Kinder-Verhältnis dient, wenn nicht ständig das Handy klingelt, man keine Mails beantwortet oder das Wohnzimmer streicht und Badezimmerfliesen auswechselt. Denn wenn Gedanken um berufliche Probleme und Pflichten kreisen, reagiert das Gehirn mit Hochspannung. Es schüttet Stresshormone aus. Der Körper bleibt in Anspannung. Geist und Seele auch. Man ist gereizt. Keine gute Voraussetzung, um für seine Kinder da zu sein.
Was tun? Ganz einfach, hören Sie auf, alles gleichzeitig zu machen. Multitasking klingt zwar spannend, ist aber längst als Lebensfalle entlarvt. Konzentration und Präsenz sind die Zauberwörter der Zukunft und die Schlüssel zu Gesundheit und erfülltem Leben. Konzentrieren Sie sich auf die Arbeit, die Familie, die Freunde, das Hobby – auf alles, was Ihnen wichtig ist. Aber versuchen Sie nicht, es gleichzeitig zu tun. Denn das geht nicht. Machen Sie alles der Reihe nach. Nur dann sind Sie mit Leidenschaft, hundertprozentiger Energie und ganzem Herzen dabei. Und jetzt mal ehrlich: Haben Kinder das nicht verdient?

Und so entzerren Sie den Tag:

1. Zeit für sich einplanen

Wer sich Zeit für sich nimmt, sammelt Energien, um die eigenen Batterien wieder aufzuladen. Wer sich dauerhaft überlastet, baut ab. Das Ergebnis: Erschöpfung, Müdigkeit, Gereiztheit. So kann man kein starker Vater sein. Nehmen Sie sich deshalb auch den Kindern zuliebe Zeit und machen Sie sich Gedanken darüber, was Sie in Ihrer eng bemessenen Freizeit gern für sich tun möchten. Dazu gehören das Ausüben einer Sportart, das Treffen mit Freunden, Hobbys. Faustregel: 75 % der Zeit widmen Sie den Kindern bzw. der Familie, 25% sich selbst.

2. Klaren Übergang einhalten

Bestimmt haben Sie es auch schon so gemacht: Mit dem Handy am Ohr und dem Ordner in der Hand stürmen Sie aus dem Büro zu Ihrem Auto. Falsch! Besser ist es, jeden Arbeitstag mit einem Ritual zu beenden. Es klingt banal, wirkt aber garantiert im Alltag. Um wirklich loslassen zu können, ist es gut, kurz vor dem Feierabend alles aufzuschreiben, was man am nächsten Tag erledigen will bzw. muss. Damit entlastet man sein Kurzzeitgedächtnis und zieht einen inneren Schlussstrich unter seinen Arbeitstag.

3. Abstand zwischen Job und Familie zulassen

Die Fahrt nach Hause ist dafür ideal. Doch lassen Sie das Handy in der Tasche. Hören Sie im Auto Ihre Lieblingsmusik, lesen Sie im Zug Ihr Lieblingsbuch und stimmen Sie sich auf das ein, was vor Ihnen liegt: Zeit mit der Familie, den Kindern, den Menschen, die sie lieben.

4. Auszeit nehmen

Zu Hause angekommen, sollten Sie mindestens zehn Minuten für sich einplanen. Umziehen, in die Badewanne steigen, die Post lesen, etwas tun, was man gern macht. Die beste Art, um Distanz zu gewinnen, Stress abzubauen und die Gedanken schweben zu lassen, ist zudem Bewegung: Joggen, Radfahren, Schwimmen. All das räumt den Kopf auf und lässt Raum zu, sich seinen Kindern und deren Themen ganz zu widmen.

So, nun sind Sie angekommen und können für die Kinder da sein. Nutzen Sie Ihre Zeit für die Familie aber richtig. Überlassen Sie nichts dem Zufall. Denn von selbst klappt das Familienleben genauso wenig wie der Job. Wovon Sie am Arbeitsplatz profitieren, kann Ihnen auch zu Hause helfen: das richtige Zeitmanagement.

Und so geht's:
1. Eine Woche lang aufschreiben, was man in der Freizeit alles tut!
2. Nur wenn man weiß, womit man seine Zeit verbringt, kann man sie auch neu gestalten.
3. Prioritätenliste erstellen!
4. Schreiben Sie ganz oben auf, was erledigt werden muss, das weniger Wichtige darunter. Das Schlusslicht sind die Dinge, die unwichtig sind und nur Zeitfresser darstellen.
5. Nicht alles auf den Abend schieben!

6. Überlegen Sie, ob Sie nicht morgens einiges abarbeiten können und damit später mehr Zeit haben für die Kinder.
7. Delegieren Sie!
8. Trauen Sie sich, Verpflichtungen abzugeben. Müssen Sie denn Kassenwart im Sportverein sein? Vielleicht ist die Aufgabe bei einem kinderlosen Mann oder einem mit älteren Kindern besser aufgehoben.
9. Nein sagen und dabei ehrlich sein!
10. Sprechen Sie grundsätzlich offen an, wenn Ihnen etwas nicht passt: „Tut mir leid, ich würde das gern machen. Aber ich habe zwei schulpflichtige Kinder und der Freitagabend gehört ihnen. Da gehen wir immer zusammen zum Bowlen."

Denken Sie daran: Mit einem konsequenten Zeitmanagement schaffen Sie es, Zeit für das zu haben, was Ihnen wirklich wichtig ist: das Familienleben. Aber damit es reichhaltig und erfüllt wird, ist es nicht genug, einfach nur „da" zu sein.

Es gibt vergeudete Zeit und reiche Zeit. Jeder kennt es: Eine Urlaubswoche kommt einem so viel länger vor als eine Arbeitswoche. Der Grund ist klar: In der Arbeitswoche vergeht jeder Tag mit Routine, die Urlaubswoche steckt voller neuer Eindrücke. Man hat einen unroutinierten Tagesablauf, macht neue Erfahrungen, lernt viele Leute kennen und bekommt dadurch Anregungen und Impulse. Durch die vielen Erlebnisse und Eindrücke kommt einem die Zeit viel länger vor.

Das Empfinden von Zeit wird also davon bestimmt, wie viel Bewegung in ihr steckt. Oder anders ausgedrückt: Um Zeit als „reichhaltig" zu empfinden, hängt es davon ab, was in der Zeit passiert, wie viel neue Impulse in einer Zeitspanne erlebt werden. Man kann also ein bisschen dazu beitragen, dass einem verbrachte Zeit reicher vorkommt, indem man sie bewusst mit Bewegung, also mit Erlebnissen und Eindrücken, füllt. Wer die Zeit mit Leben füllt, wird glücklicher und zufriedener und damit auch ein besserer Vater.

Doch Vorsicht, Freizeit kann zum Stress werden und genau das darf es nicht. Sie soll reich genutzt werden und neue Energie geben, aber auf keinen Fall dürfen Körper und Seele unter Dauerdruck geraten. Dann erreicht man genau das Gegenteil: Man fühlt sich müde, ausgelaugt. Circa 12 % der Männer leiden an einem Burn-out, weil ihnen der Ausgleich zum Arbeitsalltag fehlt. Und das Absurde: Schon sechsjährige Kinder zeigen ähnliche Anzeichen, weil sie nach der Schule keine Ruhe finden. Sie haben Bauch- und Kopfschmerzen, sind häufig müde und klagen über Schlafstörungen. Andere sind hyperaktiv und nervös, manchmal sogar aggressiv. Überforderung hat viele Gesichter. Die Eltern sind meist ahnungslos und löchern den Kinderarzt mit immer bohrenderen Fragen, warum denn ihr siebenjähriger Lukas immer Bauchweh hat und ihre 13-jährige Monika über Durchfall klagt. Zu den Stresssymptomen kommen schlechte Zensuren. Ein Teufelskreis! Denn auch der Schulerfolg hängt vom richtigen Freizeitverhalten ab. Und hier liegt vieles im Argen: montags Tennis, dienstags Klavier, mittwochs Nachhilfe und so weiter. Am Wochenende sind dann das Volleyballturnier und der Geburtstag des besten Freundes. Stress pur!

Immer mehr Kinder haben einen randvoll gefüllten Terminkalender. Schüler sind ausgebucht wie gutbezahlte Manager.

Woran das liegt? Kinder leben heute kontrollierter als noch vor fünfzig Jahren. Die Eltern sind informierter und bildungsinteressierter. Aus den Kindern soll etwas werden und das geht in den Augen der Erziehungsberechtigten nur mit einem vielfältigen Programm. Alle möchten für ihr Kind das Beste: eine gute Schulausbildung, denn nur die ist der Schlüssel zum Erfolg. Aber sie möchten auch sportliche oder musische Angebote bereitstellen, damit kein Talent ungenutzt bleibt.

Das Angebot ist umfangreich. Es gibt Schnupperkurse in allen Bereichen. Doch damit nicht genug. Es geht längst nicht mehr darum, irgendwo hineinzuschnuppern, nein, es muss auch etwas erreicht werden. Die Helden aus Fußball und Tennis sind unentwegt im Fernsehen zu sehen und Wunderkinder an Klavier und Flöte werden ebenfalls regelmäßig präsentiert. Es geht also nicht nur darum, dass Kinder bei Sport und Musik entspannen, nein, sie müssen auch Höchstleistungen bringen. Freizeit wird zur Leistungsforderung. Volleyballspielen kann nicht einfach nur Spaß machen, es muss schon eine Medaille sein, die später über dem Bett glänzt.

Der Philosoph und Buchautor Richard David Precht hat erst kürzlich drastisch gewarnt: „Ich sage den Müttern, die ihre Kinder von einem Termin zum nächsten fahren: Aus Euren Kindern wird nichts!" Er argumentiert damit, dass Kreativität Freiräume braucht. Ein wacher Geist kann sich nur entfalten, wenn er Zeit und Raum dazu hat.

Väter und Mütter sollten darauf achten, soviel freie und unkontrollierte Handlungsräume zu schaffen wie möglich. Denn Untersuchungen aus der Lernpsychologie zeigen: Je freier ein Kind aufwächst, desto intelligenter wird es. Kinder wollen ihre Eltern nicht enttäuschen und sagen nicht schnell, wenn sie überlastet sind.

Außerdem ist Freizeitstress gerade „in". Wenn alle ständig ihre Zeit verplant haben, fällt man ja unangenehm auf, wenn man auf die Frage „Hast du Zeit" mit einem spontanen „Ja" antwortet. Väter und Mütter können bewirken, dass ihre Kinder nicht ständig in ein Schema gepresst werden, sondern sich frei entwickeln.

Aber wie sollen Sie das machen, wenn Sie selber in der Stressfalle stecken? Wann hatten Sie das letzte Mal einen ganzen Tag, an dem Sie nichts geplant hatten? Können Sie sich daran erinnern, in letzter Zeit Langeweile empfunden zu haben? Vermutlich nein, denn die halbe Stunde Wartezeit am Bahnhof vertreibt man sich doch prima mit dem Smartphone und ruft schnell den alten Schulfreund zum Geburtstag an, weil via Facebook die Erinnerung daran kam.

Ziehen Sie sich an den eigenen Haaren aus dem Stresssumpf und lernen Sie wieder kennen, was so herrlich gut tut: Nichtstun. Wie wundervoll, wenn man mit seinen Kindern gemeinsam auf die Stressbremse treten und Seite an Seite Entspannung lernen und leben kann.

Einfach nur die Gedanken sausen lassen, die Zeit vergessen, Seele und Körper baumeln lassen; mit den Kindern am See in der Sonne liegen und über alles und jeden plaudern; dabei von nichts und niemandem gestört werden; sich Zeit nehmen, um das Unterste nach oben zu holen und Dinge anzusprechen, die man schon selbst längst vergessen geglaubt hat. Die Freizeit, schon gar die mit Kindern, muss geplant werden. Sie darf aber nicht verplant sein. Deshalb gilt für starke

Väter: Nehmen Sie sich etwas vor, aber nehmen Sie sich nicht zu viel vor. Lassen Sie immer Zeit, damit sich spontan Gespräche entwickeln können und warum nicht auch Vorhaben. „Weißt du was, du wolltest doch unbedingt mal Ruderboot fahren. Die Sonne scheint, lass es uns machen, und zwar jetzt gleich."

Mit einem Bewusstsein für Zeit und einem guten Zeitmanagement bleiben Sie gesund und schaffen all das, was Ihnen am Herzen liegt: Zeit für die Kinder zu haben.

So nutzen Sie die Zeit mit Ihren Kindern sinnvoll

- Schreiben Sie eine Liste – notieren Sie dabei die Dinge, die Sie gern machen möchten, die Ihr Kind gern machen möchte und die Sie gemeinsam machen möchten.
- Sortieren Sie die Liste – schreiben Sie dahinter, welche Dinge Sie sofort tun können, welche in einer Woche oder einem Monat, welche in einem Jahr (ins Kino gehen, wenn der neue Film herauskommt, Pilze suchen am ersten Tag der Herbstferien).
- Führen Sie einen Terminplan – tragen Sie ein, wann der Schwimmkurs beginnt oder wann es Ferien gibt.
- Schreiben Sie zu dem Zeitpunkt auch auf, was Sie sofort dafür tun können (z. B. nach Hotels für die Reise suchen, bei Freunden nach einer Ausrüstung fragen, Geld zurücklegen etc.).
- Halten Sie sich an Ihre Termine – Kinder brauchen Verlässlichkeit.
- Halten Sie sich aber Stunden und am besten einen Tag in der Woche frei. Nichtstun, in den Tag hineinleben, spontan entscheiden, wonach einem der Sinn steht – das brauchen Erwachsene und Kinder gleichermaßen.

> **TIPP:** Zeit für den anderen zu haben ist ein Zeichen von Wertschätzung. Gerade älteren Kindern sollte man das auch vermitteln. „Ich habe mir einen Tag freigenommen, weil ich gern mit dir ans Meer fahren möchte. Ich bin sehr gern mit dir zusammen!"

Test – Teilen Sie Ihre Familienzeit richtig ein?

Für jedes Ja gibt es einen Punkt. Zählen Sie die Punkte am Schluss zusammen.

- Fordern Sie Ihr Kind mindestens einmal am Tag auf, sich zu beeilen?
- Müssen Sie häufig geplante Aktivitäten verschieben?
- Beklagt sich Ihre Frau/Partnerin, dass Sie zu wenig Zeit für die Familie haben?
- Fallen Ihnen spontan drei Dinge ein, die Sie schon lange machen möchten und für die Ihnen die Zeit fehlt?
- Fühlen Sie sich häufig ausgepowert und übermüdet?
- Haben Sie ein schlechtes Gewissen, weil Sie nicht genug Zeit für die Kinder haben?
- Machen Sie in Ihrer Freizeit viele Dinge gleichzeitig?
- Telefonieren Sie beim Essen?
- Liegen auf Ihrem Nachttisch Arbeitsunterlagen?
- Wissen Sie beim Kleidungskauf sofort die Größe Ihrer Kinder?

Ergebnis: ... Punkte

Auswertung

0–4 Punkte: Bravo, Sie haben Ihr Zeitkonto gut im Griff. Sie leben bewusst – machen Sie weiter so!

5–7 Punkte: Sie muten sich zu viel zu und wollen es allen recht machen. Schalten Sie einen Gang zurück.

8–10 Punkte: Sie stecken im Stressstrudel. Nehmen Sie sich einen Tag frei und organisieren Sie Ihren Familienalltag neu.

Aktive Kommunikation kann man lernen

65 % der Kinder wünschen sich, ihre Eltern würden ihnen mehr zuhören. 75 % vermissen das vor allem bei ihren Vätern. Besonders schlimm ist es, wenn es zu Konflikten kommt. 40 % der Kinder fühlen sich von ihren Vätern nicht verstanden. Die Konflikte eskalieren. Funkstille.

Das muss nicht sein. Wer mit Kindern aktiv leben will, muss mit ihnen sprechen und – noch wichtiger – sie sprechen lassen. Erst wenn Kinder bereit sind, freiwillig, offen und ohne Angst über ihre Bedürfnisse und Probleme zu reden, können Väter ihnen helfen, sie unterstützen und ihnen durch Anteilnahme und Engagement eine glückliche Kindheit ermöglichen. Doch sprechen ist nicht gleich sprechen. Gesagt heißt nicht unbedingt gehört. Gehört heißt nicht unbedingt verstanden. Damit eine Kommunikation gelingt, muss der Empfänger verstehen, was der Sender meint. Es ist also nicht nur wichtig, „was" man sagt, sondern auch „wie" man es sagt. Und es ist wichtig, „aktiv" zu sein und sich zu vergewissern, dass man verstanden worden ist. Väter müssen wissen, wie das Gesagte bei ihrem Kind ankommt und was es bei ihm gefühlsmäßig auslöst. Nur dann können sie gezielt helfen, einwirken und Konflikte lösen.

Eine gelungene aktive Kommunikation hilft Vater und Kind, sich miteinander wirklich auszutauschen. Kinder können dabei ihre Gefühle mitteilen und lernen, selbst Probleme zu lösen. Das macht selbstbewusst. Väter können sich leichter in ihre Kinder einfühlen und künftig Probleme anders angehen. Das schont die Nerven und schafft ein besseres Miteinander.

Aktive Kommunikation umfasst vier Schritte:
- Aktives Zuhören
- Ich-Botschaften
- Konflikte strategisch lösen
- Zielvereinbarungen treffen

Aktives Zuhören

Diese spezielle Form des Zuhörens wurde schon in den 1950er-Jahren von dem amerikanischen Psychologen Thomas Gordon entwickelt und ist bis heute erfolgreich. Aktives Zuhören beschreibt ein Zuhören, bei dem der Zuhörer das Gehörte mit eigenen Worten wiederholt und damit bestätigt.

Und so geht's:

1. Nehmen Sie sich Zeit und konzentrieren Sie sich auf Ihr Kind. Gespräche entwickeln sich nicht zwischen zwei Terminen. Sinnvoller ist es, eine Gelegenheit zu schaffen, in der ausreichend Zeit zum Reden ist. Das kann auf einem Spaziergang sein oder beim Abendessen.

2. Schalten Sie Ihr Handy aus. Machen Sie das ganz offen und sichtbar und erzählen Sie Ihrem Kind, dass Sie mal in Ruhe mit ihm sprechen möchten. Bei Älteren ist es gut, auch ihre Terminpläne zu berücksichtigen. Beispiel: „Ich möchte mal mit dir sprechen. Wann passt es dir?"

3. Schaffen Sie eine entspannte Atmosphäre. Das gelingt am besten, wenn Sie nicht gleich mit der Tür ins Haus fallen, sondern erst nur plaudern. Fragen Sie nach den Freunden, einem Lehrer, einem Erlebnis. Beispiel: „Sag mal, was macht eigentlich dein Freund Philip? Du hast schon so lange nicht mehr von ihm gesprochen!"

4. Bleiben Sie geduldig und halten Sie Gesprächspausen aus. Erwachsene sollten das Kind nicht ständig unterbrechen, sondern zulassen, dass es sich langsam öffnen kann. Kommt es dabei zu Gesprächspausen – lassen Sie die zu und haken Sie erst nach einer kurzen Pause wieder nach.

5. Halten Sie Ihre eigene Meinung zurück. Treten Sie zurück und ermöglichen Sie so dem Kind die nötige Selbstreflexion. Denn die väterliche Meinung hat Gewicht und beeinflusst schnell.

6. Zeigen Sie Aufmerksamkeit. Nicken Sie mit dem Kopf, halten Sie Augenkontakt, fragen Sie nach. So merkt das Kind, dass Sie Interesse zeigen und zugewandt sind.

7. Wiederholen Sie in regelmäßigen Abständen das Gesagte mit Ihren Worten. Beispiel: „Wenn ich dich richtig verstanden habe, möchtest du nicht zum Klavierunterricht, weil du nicht den richtigen Erfolg siehst!" oder: „Du hast dich also mit der Zeit verschätzt und konntest deshalb deine Vokabeln nicht mehr pünktlich lernen!"

8. Fordern Sie Bestätigung ein. Dadurch kann das Kind sein Verhalten selbst beurteilen und auch alleine eine Lösung finden. Beispiel: „Ja, genauso war es! Vielleicht hätte ich einfach früher vom Sport zurückkommen sollen. Dann hätte ich es auch geschafft."

Ich-Botschaften

Sie erleichtern die Kommunikation. Mithilfe der Ich-Botschaften sagen Väter ihrem Kind, was sie bei seinem Verhalten denken und fühlen, ohne das Verhalten zu bewerten. Das Kind erfährt, was es bei anderen ausgelöst hat, fühlt sich aber nicht frontal angegriffen. So erhält man die Gesprächsbereitschaft und kann weiter gemeinsam nach einer Lösung suchen.

Beispiel: Die 16-jährige Sarah kommt eine Stunde zu spät nach Hause. Sie sagen: „Wieso kommst du erst jetzt nach Hause? Wo warst du?" Das beinhaltet einen Vorwurf und schafft eine schlechte Atmosphäre.

Besser: „Ich habe mir große Sorgen gemacht. Ist etwas passiert?" Mit der Ansprache bleibt Kindern genug Raum, sich erst einmal zu erklären und gegebenenfalls auch zu entschuldigen. Das Kind versteht, was sein Verhalten bewirkt und kann entsprechend reagieren.

Besonders wenn es um Verletzungen geht, kann man so Raum für Lösungen lassen. Beispiel: „Ich habe mir extra den Abend freigehalten und mich auf den Kinobesuch gefreut. Ich bin richtig traurig, wenn es heute nicht klappt!" ist besser als: „Warum hältst du dich nie an unsere Verabredungen?"

Mit Ich-Botschaften können Väter ihr Kind so ansprechen, dass es sich nicht angegriffen fühlt. Sie können Ihre Bedürfnisse und Probleme erklären. Das Kind kann Sie verstehen und sich in Sie hineinfühlen. Das stärkt die Liebe zueinander. Zeitgleich fühlt sich das Kind ernst genommen und akzeptiert. Zudem geben Sie ihm die Möglichkeit, sein Verhalten von sich aus zu ändern. Das macht selbstbewusst und sicher. Mit Ich-Botschaften stärken Väter das Selbstbewusstsein ihrer Kinder und fördern Eigenverantwortung, Hilfsbereitschaft und Rücksichtnahme.

Vermeiden Sie auf jeden Fall Nachsätze wie: „Jetzt kannst du sehen, wie du das wieder gutmachst" oder „Du wirst sehen, was du davon hast!" Eine gelungene Ich-Botschaft ist vollständig frei von Vorwürfen.

Ganz anders verlaufen Gespräche mit den Du-Botschaften. In einer Du-Botschaft schwingt immer eine Schuldzuweisung und damit ein Angriff mit. Sie bewirken bei Kindern in der Regel, dass sie trotzig reagieren und oft – wider besseres Wissen – Widerstand leisten. Das Kind fühlt sich schuldig, herabgesetzt, kritisiert und verletzt. Die Folge ist klar: Es will sich für das erlittene Gefühl rächen und reagiert ebenfalls mit einer Du-Botschaft wie: „Du hast mir gar nichts zu sagen!" oder „Du meckerst sowieso nur an mir herum. Am besten du schließt mich ein."

Das Ergebnis sind verletzte Gefühle, patzige Antworten, Tränen, zugeknallte Türen, Strafen und ein emotionales Desaster auf beiden Seiten.

Denken Sie also daran: Ich-Botschaften führen Sie leicht und zuverlässig auf den Weg zu einer richtigen Kommunikation mit Ihren Kindern. Sie stabilisieren die Beziehung zu ihnen und vermeiden Spannungen. Da die Kinder in Ihnen ein Vorbild sehen, werden sie ebenfalls positiv reagieren. So wird sich eine Beziehung aufbauen, die von Nähe, Respekt und Zuneigung geprägt ist.

Konflikte strategisch lösen

Sie vermeiden Schäden am Familienleben, wenn Sie strategisch vorgehen. Nicht immer gehen Meinungsverschiedenheiten einfach vorüber. Oft bahnt sich zwischen Kindern und Vätern ein handfester Konflikt an. Es beginnt mit einer harmlosen Meinungsverschiedenheit, setzt sich fort in einer Diskussion, geht über in Meckern und Schimpfen und endet schließlich in Schreien. Was folgt, sind Schuldzuweisungen wie „Du hast …", und „Immer machst du …" und schließlich Drohungen „Wenn du nicht sofort tust, was ich dir sage …" Schließlich knallen bei allen Beteiligten die Sicherungen durch und es nichts geht mehr.

Daraus können nervenaufreibende Auseinandersetzungen werden, die Väter und Kinder monatelang belasten und die Beziehung auf Eis legen. Doch das muss nicht sein. Väter, die gelernt haben, richtig zu kommunizieren, finden in der Regel eine schnelle Lösung, die das Miteinander wieder in die richtige Bahn bringt. Bleiben Väter und Kinder in einem Dialog, lässt sich jedes Problem lösen. Deshalb gilt: immer mit den Kindern in Kontakt bleiben. Reißt das Gesprächsband ab, kann man nichts mehr regeln.

Aber keine Sorge: Frieden ist lernbar, auch in der Familie. Es gibt eine Methode, wie man Konflikte zuverlässig löst. Mit drei einfachen Schritten sind Sie auf dem schnellen Weg zurück zu Harmonie.

1. Deeskalieren

Die Türen sind zugeflogen. Die Tochter hat sich eingeschlossen. Aus dem Zimmer dröhnt laute Musik.

Spätestens jetzt ist es an der Zeit, aus dem Machtkampf auszusteigen. Bleiben Sie ruhig! Erzwingen Sie nichts! Lassen Sie die Gemüter zur Ruhe kommen und beginnen Sie später ein Gespräch auf neutraler Basis. Beispiel: „Lass uns mal über etwas anderes sprechen. Frau Meier hat angerufen. Gehst Du nun zum Tennis?"

Später loben Sie Ihr Kind. Beispiel: „Ich wollte dir noch sagen, dass du die Küche toll aufgeräumt hast. Damit hast du mir heute Abend wirklich geholfen."

2. Ursache hinterfragen

Es hat sich viel aufgestaut. Reden Sie mit Ihrem Kind darüber und schildern Sie beide nacheinander, was Sie sich dabei gedacht haben. Lassen Sie Ihr Kind beginnen. Tauchen Sie als Erwachsener gedanklich in die Welt Ihres Kindes ein und nehmen Sie einen Perspektivwechsel vor. Warum hat es sich so verhalten? Was wollte es damit erreichen? Wie hätte ich mich in der Situation verhalten? Geben Sie aber auch Ihrem Kind die Möglichkeit, sich in Sie hineinzufühlen. Gegenseitiges Zuhören ist eine konfliktlösende Kraft. Wer zuhört, fühlt mit. Die Vater-Kind-Basis ist wiederhergestellt.

3. Gemeinsam eine Lösung entwickeln

Entwickeln Sie mit Ihrem Kind eine Lösung, die dem beiderseitigen Wertesystem entgegenkommt. Dabei schildern Sie erst Ihren Vorschlag. Lassen Sie Kritik daran zu. Danach hören Sie sich geduldig den Vorschlag Ihres Kindes an.

Wichtig: Aufgeschlossen bleiben! Es gibt nie nur einen Weg. Wenn Sie sich spontan nicht einigen können, vertagen Sie das Gespräch mit den Worten: „Ich möchte mir Gedanken darüber machen. Lass mir ein bisschen Zeit. Wir sprechen morgen noch einmal."

Wenn Sie sich geeinigt haben, ziehen Sie einen unsichtbaren Schlussstrich. Ist ein Konflikt beigelegt, sollte das auch verbindlich sein. Themenwechsel!

TIPP: Sprechen Sie miteinander, nicht gegeneinander und nicht übereinander.

Zielvereinbarungen treffen

Zielvereinbarungen schaffen Einigkeit. Es gibt Konflikte, die sich mit einem ausführlichen Gespräch nicht bereinigen lassen. Sie drohen, sich zu einem schwelenden Flächenbrand auszuwirken. Jens (15) hat zum wiederholten Mal einen Brief von der Schule bekommen, weil er seine Schularbeiten nicht verlässlich macht. Immer wieder beteuert der Junge, dass er es einfach vergessen hat. Sein Vater Albert (39) bestätigt auch, dass sein Sohn ein bisschen „zerstreut" ist. Doch mit Reden kommt er nicht weiter. Die Kommunikation allein reicht nicht mehr. Jetzt ist es ratsam, Worte mit einer Zielvereinbarung zu unterstützen.

Was soll das bewirken? Eine Zielvereinbarung ist ein erprobtes Instrument, mit dem Führungskräfte ihren Mitarbeitern Orientierung geben und deren Motivation fördern. Ein Erfolgskonzept, das sich auch auf die Familie übertragen lässt. Vater und Kind einigen sich auf ein gemeinsames Ziel, bei Jens und Albert ist das klar definiert: die Versetzung in die 10. Klasse. Doch das ist leichter gesagt, als getan. Wie soll Jens das schaffen?

Zur Zielvereinbarung gehört immer ein exakter Zeit- und Maßnahmenplan. „Jens will künftig immer seine Hausaufgaben machen" reicht definitiv nicht aus. Die Zielvereinbarung muss schriftlich und detailliert fixiert werden:

Was soll Jens tun? Wie soll er es tun? Bis wann in welchen Schritten?

Nur so klar definierte Ziele geben Jens Sicherheit und spornen ihn an, mehr Leistung zu bringen.

Und so geht's:

1. Zielvereinbarung positiv und präzise formulieren.

Fragen Sie: Woran merke ich, ob ich das Ziel erreicht habe. Nur wenn die Antwort darauf klar ist, ist auch das Ziel klar.

2. Ziele gemeinsam definieren.

Vater und Kind müssen sich als Team sehen und somit bekommt auch der Vater Aufgaben zugeteilt: Jens lernt jeden

Tag zehn Vokabeln und Albert hört sie jeden Tag ab. So ein nur gemeinsam zu erfüllendes Ziel schweißt zusammen.

3. Zeitrahmen festlegen.

Jedes Ziel braucht einen konkreten Zeitrahmen: „Jens meldet sich in jeder Unterrichtsstunde zweimal" oder „Jens rechnet jede Woche drei Sonderaufgaben aus dem Mathebuch".

4. Detaillierten Maßnahmenkatalog festlegen.

Bei einer Zielvereinbarung muss man auch festlegen, auf welche Weise das Ziel erreicht werden soll. Jens lässt sich sein Hausaufgabenheft von jedem Lehrer abzeichnen und zeigt die Unterschrift jeden Abend seinem Vater.

5. Belohnung genauso konkret festlegen wie das Ziel.

Dabei sollte nicht erst etwas in Aussicht gestellt werden, wenn das Ziel erreicht ist, in diesem Beispiel die Versetzung. Besser ist es, Zwischenschritte einzubauen. Bei älteren Kindern kann es am Ende einer Woche sein, z.B. ein Kinobesuch, eine Taschengelderhöhung, eine Handykarte. Bei kleineren unter zehn Jahren sollten die Zeiträume kürzer sein. Am geeignetsten sind Tageseinheiten.

6. Zielvereinbarungen unterschrieben und für beide Parteien öffentlich sichtbar machen.

Das Schriftstück ist die Grundlage der Zusammenarbeit. Ein Vertrag, der das Abgesprochene regelt. Man kann ihn gut sichtbar an den Kühlschrank hängen. Farbige Punkte machen jeden erreichten Leistungsschritt auf dem Formular sichtbar!

7. Zieländerungen müssen möglich sein.

Alles lässt sich nicht planen. Es gibt unvorhersehbare Umstände, die alle Vorsätze zunichtemachen. Man sollte sich auch nicht scheuen, ein Ziel, das zu optimistisch gesetzt wurde, zu überarbeiten.

> **Tipps:** Kinder sollten mit allen ihren Gefühlen respektiert werden, mit Freude und Trauer, mit Sorgen und Angst, mit Aggression und Wut. Statt gleich zu schimpfen, weil ein Kind seinem Schulfrust mit einem Wutanfall freien Lauf lässt, ist es besser, es in den Arm zu nehmen oder ihm ein Stück Schokolade zu reichen. Lassen Sie sich den Ärger erzählen, statt ihn zu unterdrücken.

Geben Sie Ihrem Kind die Chance, Fehler „nachzubessern". So vermeiden Sie, dass es sich in Schuldgefühlen verstrickt.

8. Seien Sie ganz Ohr!

Das kennen alle Väter: Man hetzt gerade mit dem Einkaufswagen durch den Supermarkt und das Töchterchen möchte intensiv über den Streit mit der besten Freundin berichten. Statt das Kind mit abwesend klingenden „Mmmhhhs" abzufertigen, ist es respektvoller, klare Worte zu finden. „Du, im Moment kann ich dir gar nicht richtig zuhören. Aber ich möchte gern wissen, worüber du dich gestritten hast. Vielleicht kann ich helfen, dass ihr euch wieder vertragt. Wir sprechen nach dem Abendessen in Ruhe darüber." Wichtig: das Gespräch nicht vergessen!

Test – Können Sie gut mit Ihrem Kind reden?

Frage 1: Das Zimmer Ihres neunjährigen Sohnes ist wieder nicht aufgeräumt. Sie regen sich auf. Was machen Sie?
a. Ich stelle mein Kind sofort zur Rede. So geht es ja nicht.
b. Ich bin etwas ratlos und überlege mir ganz in Ruhe, wie ich sein Verhalten endlich ändern kann.
c. Ich habe lange genug immer weggesehen. Jetzt platzt mir der Kragen.

Frage 2: Ihr 13-jähriger Sohn sagt, er fühle sich nicht gut und möchte nicht zur Schule
a. Ich rufe die Schule an und entschuldige ihn.
b. Ich nehme mir Zeit und frage, ob etwas in der Schule nicht stimmt.
c. Ich telefoniere mit dem Hausarzt und lasse mich aufklären, was es sein könnte.

Frage 3: Ihre 15-jährige Tochter sitzt Ihnen dick geschminkt am Frühstückstisch gegenüber. Was sagen Sie?
a. Ich lobe sie, weil sie so chic aussieht, und lasse mir erklären, wie sie das gemacht hat.
b. Ich rate ihr, am Wochenende in einen Drogeriemarkt zu gehen und sich beraten zu lassen.
c. Ich sage ihr klar: „So gehst du mir auf keinen Fall zur Schule. Als Vater kann ich besser einschätzen, wie junge Mädchen aussehen sollten."

Frage 4: Ihr fünfjähriger Sohn traut sich nicht auf das Rad, weil er bereits mehrmals umgefallen ist. Wie reagieren Sie?

a. Ich mache ihm Mut, weil er schon so viele andere Dinge in seinem Leben gelernt hat.

b. Ich verspreche ihm, dass wir am Abend zusammen üben und ich einen Trick kenne.

c. Ich sage ihm, dass jeder Junge Radfahren kann und er sich Mühe geben soll.

Frage 5: Ihr Sohn hat zum wiederholten Mal eine Fünf in Mathe geschrieben. Jetzt hat er einen blauen Brief von der Schule bekommen. Was sagen Sie?

a. Ich sage ihm, dass er jetzt mehr lernen muss, weil er sonst sitzenbleibt.

b. Ich verabrede mich mit ihm, am nächsten Samstag in Ruhe die Sache zu klären. Ich will wissen, ob er alles verstanden hat und ob er genug lernt.

c. Ich streiche ihm das Taschengeld und er bekommt Fernsehverbot. Er muss fühlen, dass er in der letzten Zeit faul war.

Frage 6: Ihre zehnjährige Tochter wirkt seit einigen Wochen verstockt. Sie zieht sich in ihr Zimmer zurück und will viel allein sein. Wie sprechen Sie das Mädchen an?

a. Ich verhalte mich genau wie sie und denke, sie wird merken, dass es nichts bringt.

b. Ich frage, ob Sie nicht Lust hat, mit mir ins Kino zu gehen.

c. Ich fordere sie energisch auf, mir ihr Verhalten zu erklären.

Frage 7: Ihre 15-jährige Tochter möchte bei ihrem Freund übernachten. Wie reagieren?

a. Sie vereinbaren mit ihr einen Termin beim Frauenarzt und lassen ihr die Pille verschreiben.

b. Sie ermutigen ihre Tochter, vorher den Freund mitzubringen, damit Sie ihn kennenlernen können.

c. Sie sagen ihr klipp und klar, dass sie dafür zu jung ist.

Frage 8: Ihr achtjähriger Sohn ist wiederholt im Kinderhort aufgefallen. Er beißt und spuckt.

a. Ich schlage ihm vor, mit ihm und seinem „Opfer" ein Eis essen zu gehen.

b. Ich frage ihn, warum er so reagiert und fordere ihn auf, sich vorzustellen, wie er sich fühlen würde, wenn ihm das passierte.

c. Ich drohe ihm an, das Gleiche mit ihm zu tun.

Ergebnis: ... Punkte

Auswertung

Überwiegend a-Antworten: Sie geben sich Mühe, Ihr Kind zu verstehen. Aber Sie sollten noch öfter versuchen, sich in Ihr Kind einzufühlen. Dann klappt die Kommunikation besser.

Überwiegend b-Antworten: Sie sind liebevoll und einfühlsam und treffen den richtigen Ton. Sie versuchen, sich in Ihr Kind hineinzuversetzen und echte Hilfe zu geben. Vorbildlich!

Überwiegend c-Antworten: Sie setzen Druck und Strafen statt Worte ein. Ihr Kind kann sich nicht verstanden fühlen. Sie sollten dringend etwas ändern.

Empathie muss man üben

Ein Vater möchte nur das Beste für sein Kind. Doch was ist das? Zum Glück kann man sich heutzutage schnell und einfach informieren. Es reicht ein „Klick" und man weiß, wie sich Kinder gesund ernähren können, wie sie am besten spielen und welche Sportarten der Entwicklung des wachsenden Körpers besonders gut tun. Man kann nachlesen, welche Fächerkombination sich perfekt ergänzt und welche Fremdsprache einer späteren Karriere nützlich ist. Auch Gitarrespielen ist gut. Die Tochter könnte Reitstunden bekommen. An all dem soll nicht gespart werden. Wofür arbeitet man denn den ganzen Tag, wenn man den Kindern, dem Liebsten, was man hat, nicht alles bieten kann. Die eigene Wahrnehmung, der Druck der Gesellschaft, all das führt dazu, dass wir zu wissen glauben, was das Beste für die Kinder ist. Aber wir nehmen nicht mehr wahr, was denn eigentlich unsere Kinder für das Beste halten.

Wir könnten sie ja fragen! Doch fragen allein hilft meist nicht weiter. Gerade kleine Kinder können gar nicht äußern, was ihnen wichtig ist und was sie stört. Ältere haben oft eine Scheu, weil sie nicht einschätzen können, wie Erwachsene auf ihre Aussagen reagieren. Eine vorbildliche Kommunikation, wie im vorigen Kapitel beschrieben, kann also nicht immer helfen. Was nun? Es gibt auch eine nonverbale Sprache. Aber die versteht man nur, wenn man sich in Kinder einfühlen kann.

Der 12-jährige Tobias greift jeden Morgen lustlos zu seinem Schulranzen und geht mit gesenktem Blick aus dem Haus.

Klar kann man ihm in einem ruhigen Gespräch erklären, wie wichtig die Schule für ihn ist. Es geht doch darum, dass er einmal in einem tollen Beruf ordentliches Geld verdienen will. Hilft es Tobias? Wohl kaum!

Ein guter Vater fragt seinen Sohn, warum er so traurig wirkt. Ob ihn in der Schule etwas bedrückt und ob er ihm helfen könne. So wird Tobias in seinem Gefühl ernst genommen. Er fühlt sich gesehen und respektiert und lernt, dass er Gefühle zeigen kann und Trost und Hilfe findet.

Mit guter Einfühlung – auch Empathie genannt – kann sich ein Vater in seine Kinder hineinversetzen, in deren Gefühle, Einstellungen und Gedanken. Ein starker Vater leidet mit, wenn die Tochter von ihrer besten Freundin nicht zum Geburtstag eingeladen worden ist, und er sagt das auch. Ein starker Vater tröstet, wenn der Sohn von Mitschülern gehänselt wird, weil er im Unterricht falsche Antworten gegeben hat. In der Welt der Erwachsenen sind das alles nichtige Begebenheiten. Nicht wert, dass überhaupt darüber gesprochen wird. Doch für die Kinder sind es negative Erfahrungen, die sie verunsichern, ja, ihnen sogar Angst machen können.

Aufmerksame Väter erspüren diese Gefühle wie Unsicherheit und Angst und gehen darauf ein. Sie trösten ihre Kinder, machen ihnen Mut, die Situation geschickt zu lösen. Indem sie auf die Gefühle ihrer Kinder reagieren, sie ansprechen und darüber reden, zeigen sie ihren Kindern, dass sie sie ernst nehmen und verstehen.

Nicht jeder Mensch ist gleich einfühlsam. Aber man kann diese Fähigkeit trainieren.

Und so geht's:

Beobachten Sie Ihre Kinder genau. Achten Sie auf Gestik und Mimik und stellen Sie gezielte Fragen nach ihren Gefühlen: „Hast du dich bei dem Telefonat gerade über deine Freundin geärgert?" oder „Warst du heute Abend wütend auf den Fußballtrainer?" So überprüfen Sie Ihre Einschätzung und lernen nach und nach besser zu erkennen, was bestimmte Gesichtsausdrücke oder Tonlagen bedeuten. Fragen Sie aber nicht achtlos drauflos, sondern überlegen Sie, ob Ihre Fragen auch in dem Moment gerade passen. Das ist gleich eine gute Übung.

Wechseln Sie die Perspektive. Schlüpfen Sie häufig in die Rolle Ihres Kindes, besonders wenn Sie Reaktionen gerade nicht verstanden haben. Ihr Sohn sitzt Sonntagmorgen sichtbar genervt am Frühstückstisch und lässt sich jeden Satz aus der Nase ziehen. Statt ihn zu ermahnen oder gar Strafen anzudrohen, lassen Sie ihn in Ruhe. Aber nach dem Frühstück setzen Sie sich in einen Sessel, schließen die Augen und stellen sich vor, wie der Samstag mit seinen Freunden abgelaufen sein könnte. Vermutlich wird Ihnen schnell deutlich, warum er so gereizt ist. Wenn Sie dann zu ihm gehen und ihn offen fragen, warum er sich schlecht fühlt, bekommen Sie auch eine Antwort, die Sie beide weiterbringt. Sie haben eine Vorstellung davon, was er erlebt hat und was in ihm vorgeht, und können direkt darauf reagieren. Je besser Sie Ihr Kind kennen, desto leichter wird es Ihnen künftig fallen, Situationen richtig einzuschätzen und zu helfen.

Einfache Grundregel: Fragen Sie mit „warum" und „wieso".
„Warum hast du die Blumen im Nachbargarten zertreten?"
oder „Wieso hast du deine kleine Schwester geschubst?" Sie
zeigen damit Verständnis. Ihr Kind dankt das mit Vertrauen.
So werden Sie ein untrennbares Team.

Aber Mitgefühl ist auch für die Kinder wichtig. Sich in andere
Menschen hineinfühlen zu können, ist relevant für die
Schullaufbahn, das Miteinander in Sportvereinen und für das
ganze spätere Leben. Kinder, die Empathie besitzen, können
Situationen und Mitmenschen besser einschätzen und mit
ihnen sorgsamer umgehen. Sie können leichter Freundschaften knüpfen, Konflikte lösen und erfolgreicher sein.

So werden Ihre Kinder mitfühlend:

Kinder lernen durch Erfahrung, Vorbild und Imitation.
Da die Eltern die wichtigsten Bezugspersonen sind, sind sie
auch die Vorbilder. Kinder beobachten, wie Papa die Mama
in den Arm nimmt und tröstet, wenn sie sich in den Finger geschnitten hat. Sie sehen, wie die Mutter die kleine
Schwester liebevoll streichelt, weil sie gerade ihre Lieblings-
puppe verloren hat. Sie sind dabei, wenn der Vater den kleinen Hund sorgsam in eine Decke hüllt, weil er friert. Wenn
Väter Mitgefühl und Hilfsbereitschaft vorleben und auf die
Bedürfnisse anderer Menschen und Tiere eingehen, ist das
die beste Schule fürs Leben. Kinder lernen, dass man Gefühle
nicht abtun, sondern ernst nehmen soll, und werden das auf
ihr eigenes Umfeld übertragen.

Kinder müssen die Perspektive wechseln.

Wenn ein Mitschüler immer gemobbt wird oder ein Nachbarskind nicht mitspielen darf, kann man Kinder anregen, sich in das ausgegrenzte Kind hineinzuversetzen. Ab ca. drei Jahren können sie diesen Tausch vollziehen. „Überlege doch mal, wie du dich fühlen würdest, wenn dich die anderen Kinder nicht mitspielen ließen!" oder „Was würdest du fühlen, wenn dich Kinder wegen deiner Frisur auslachen?"

Väter, die Kinder so erziehen, erreichen mehr als mit Druck, Strafen und Beschimpfen. „Wenn du Jonas nicht mitspielen lässt, bekommst du auch keine neuen Legosteine" mag vielleicht den Konflikt lösen. Aber ein Kind lernt dadurch nicht Werte wie Rücksichtnahme, Mitgefühl oder auch Höflichkeit. Es reagiert nur, empfindet aber nicht. Durch den Rollentausch ist die Botschaft nachhaltig und wird später authentisch weitergelebt.

Viel Vorlesen bzw. Lesen fördert.

Wenn Kinder das Buch nicht aus der Hand legen, wenn sie mitfiebern, mitleiden und sich mitfreuen, fühlen sie sich automatisch in das Denken und die Gefühle anderer hinein und versuchen, ihr Verhalten zu verstehen. Das schärft die Empathie.

Loben und erkennen Sie ein Verhalten an.

Ihr Kind kümmert sich rührend um den kleinen Bruder, der Angst vor einem unheimlichen Geräusch hatte? Ihre Tochter sammelt einen Vogel auf, der mit hängendem Flügel auf der Strasse sitzt? Loben Sie Ihre Kinder. Es ist gut, dass sie helfen und da sind, wenn irgendwo Not ist. Die Anerkennung zeigt

Ihrem Kind, dass es auf dem richtigen Weg und Empathie etwas Gutes ist.

TIPP: Kinder sind kleine Egoisten und nutzen Mitgefühl auch aus. Wenn Sie glauben, ausgenutzt und überfordert zu werden, halten Sie sich etwas zurück. Gefühle sind wichtig. Aber nicht jedes Gefühl bedarf einer endlos langen Diskussion.

Test – Fühlt sich mein Kind geliebt?

Geben Sie sich für jede Ja-Antwort einen Punkt.

Frage 1: Nimmt Ihr Kind Sie häufig spontan in den Arm?

Frage 2: Erzählt es täglich von der Schule?

Frage 3: Kennen Sie seine besten Freunde/Freundinnen?

Frage 4: Sagt es: „Ich liebe dich, Papa!"?

Frage 5: Nimmt es Sie vor anderen Familienmitgliedern (Geschwistern, Großvätern etc.) in Schutz?

Frage 6: Hilft es Ihnen ohne Aufforderung bei der Hausarbeit oder bei Reparaturen?

Frage 7: Mault es lange, wenn es Streitereien gibt?

Frage 8: Unternimmt es gern etwas mit Ihnen?

Frage 9: Teilt es seinen Kummer mit Ihnen und erzählt sofort, wenn es bedrückt ist?

Frage 10: Kann Ihr Kind nachts bei gelöschtem Licht durchschlafen?

Ergebnis: ... Punkte

Auswertung

0–4 Punkte: Sie sollten Ihrem Kind mehr Zuwendung geben. Es fühlt sich vernachlässigt. Sie müssen aufpassen, kein Vertrauen zu verspielen!

5–7 Punkte: Etwas gemeinsame Zeit täte Ihnen jetzt gut. Unternehmen Sie bald mal wieder etwas mit Ihrem Kind.

8–10 Punkte: Ihr Kind fühlt sich wohl und sicher und sieht in Ihnen einen zuverlässigen Lebenspartner.

Depressionen – bei Kindern bleiben sie oft unerkannt!

3 bis 10 % der Jugendlichen zwischen 12 und 17 Jahren leiden unter Depressionen. Bei Kindern unter 12 Jahren sind 0,3 bis 2,5 % betroffen. Die Angaben sind vage, die Dunkelziffer ist hoch. Denn Depressionen haben viele Gesichter. Eine Diagnose ist gerade bei Kindern schwierig. Jüngere Kinder können ihre Gefühle nicht einordnen und selbst nicht erkennen, ob sie traurig und belastet sind. Ältere verstecken sie. Was als Symptom sichtbar wird, sind körperliche Beschwerden und Verhaltensauffälligkeiten im Alltag. Doch die können Eltern nicht deuten. Die meisten wissen nicht, dass sich hinter Kopfschmerzen und Bauchweh in Wahrheit eine Depression verbirgt.

Worauf muss ich als Vater achten?

Kleinkinder wirken oft apathisch und haben ein ausdrucksloses Gesicht. Sie lernen spät laufen und sprechen, sind überanhänglich und wirken auffällig durch Schaukeln des Körpers oder exzessives Daumenlutschen. Ab dem 3. Lebensjahr kommt eine sichtbare Ängstlichkeit dazu. Und die Kinder beginnen sich zu äußern: „Keiner hat mich lieb" oder „Warum darf ich nie mitspielen?"

▶

In der Regel haben Eltern jetzt schon diverse Besuche beim Kinderarzt hinter sich, ohne jemals an Depressionen überhaupt nur gedacht zu haben. Gerade kleinere Kinder durchlaufen alle Stationen der Diagnostik, die Seele sieht niemand.

Dabei reagieren Schulkinder schon eindeutiger. Sie sind niedergeschlagen und sprechen von Traurigkeit und „nicht mehr leben wollen". Im Unterricht kommen sie nicht mehr mit und sind auch nicht motiviert, das zu ändern. Einige ziehen sich nach und nach zurück und isolieren sich schließlich. Andere zappeln herum und versuchen, ihre Stimmung hinter einer Maske des Pausenclowns zu verbergen. Es passiert oft, dass dieses Verhalten mit ADS/ADHS verwechselt wird. Mädchen klagen in dieser Zeit häufig über Bauchschmerzen, Jungen über Kopfweh. Der Kinderarzt behandelt weiter die Symptome, aber nicht die Ursache, die Depression.

In der Pubertät ist es wieder besonders schwierig, eine Depression zu erkennen. Man kann jetzt schlecht beurteilen, ob die Beschwerden eine Phase der Pubertät betreffen oder Symptome einer Depression sind. Betroffene Jugendliche können alle Register der Gefühlsäußerungen zeigen: höchste Begeisterung bis tiefste Betroffenheit. Sie sind mal gereizt und aufbrausend, mal gelangweilt und grüblerisch, oft aggressiv und ungehalten. Jungen flüchten sich in Alkohol und Drogen. Mädchen leiden an Magersucht oder Bulimie.

So vielfältig wie die Symptome sind die Ursachen. Häufig liegt eine genetische Disposition vor. Kinder und Jugendliche mit depressiven Familienmitgliedern erkranken deutlich häufiger als andere Kinder. Weitere Risikofaktoren sind der Tod eines Familienmitgliedes, Trennung der Eltern, Missbrauch und Vernachlässigung, Misserfolge in der Schule sowie schleichende Belastungen durch Überforderung und Mobbing. In solchen Lebenskrisen kann ein Test beim Psychologen Klarheit bringen.

Wichtig ist, dass Eltern, Erzieher und Lehrer aufmerksam sind und die Anzeichen einer Depression früh richtig deuten lernen. Väter, die den Verdacht haben, ihr Kind könnte depressiv sein, sollten sich unbedingt fachliche Hilfe suchen. Denn Depressionen sind eine ernst zu nehmende psychische Erkrankung und erfordern die Behandlung durch einen Psychologen.

Symptome bei Kleinkindern (1–3 Jahre):
- häufiges Weinen
- Schlafstörungen
- Spielunlust
- Appetitlosigkeit
- Teilnahmslosigkeit

Symptome bei Kindern im Vorschulalter (3–6 Jahre):
- Ängstlichkeit
- Bewegungsunlust
- Aggression
- Kontaktarmut
- Entwicklungsstörungen

Symptome bei jüngeren Schulkindern (6–12 Jahre):
- übertriebene Selbstkritik
- schlechte Noten
- Isolation
- Schuldgefühle
- Konzentrationsschwierigkeiten

Symptome bei Jugendlichen (13–18 Jahre):
- übermäßiges Schlafbedürfnis
- Suizidgedanken
- mangelndes Selbstbewusstsein
- Überforderung
- Stimmungsschwankungen

Loben macht widerstandsfähig

Lob tut gut. Man fühlt sich anerkannt und bestätigt, ist stolz. Kurzum: Es ist ein schönes Gefühl, vom Chef, der Freundin oder einfach vom Nachbarn zu hören, dass man etwas gut gemacht hat. So geht es den Erwachsenen, die in der Regel eine gute Portion Selbstbewusstsein aufweisen.

Wie wichtig ist dann ein Lob erst für Kinder. Sie tapsen vorsichtig ins Leben und brauchen die Sicherheit eines Lobs: „Gut gemacht. Weiter so. Du bist klasse."

Väter sollten ihre Kinder also ganz viel loben, denn Lob fördert nicht nur das Selbstbewusstsein, es macht auch die Seele widerstandsfähig. Und ein gutes Immunsystem der Seele ist der Schlüssel zu einem glücklichen Leben.

Man kann es im Alltag beobachten. Es gibt Menschen, die sich nach einem schlimmen Schicksalsschlag nicht mehr fangen. Andere erleben Ähnliches und gehen scheinbar sogar gestärkt aus der Krise. Die psychische Widerstandsfähigkeit, von Wissenschaftlern Resilienz genannt, ist bei Menschen unterschiedlich ausgeprägt. Gut dran sind die, die „so schnell nichts umhaut". Doch das ist nicht nur eine Frage der Gene. Zum Glück kann man Resilienz auch fördern, und Väter können nicht früh genug damit beginnen. Das richtige Instrument dazu ist das Lob.

Väter denken oftmals viel zu wenig an das Loben. Das positive Verhalten des Kindes wird als selbstverständlich hingenommen und nicht weiter erwähnt. Das Störende, das Falsche hingegen wird nicht übersehen, darauf wird sofort herumgehackt. „Nie machst du, was ich dir sage" und „Immer lässt du deine Sachen in der ganzen Wohnung herumliegen" sind Sätze, die liebend gern von Vätern gebraucht werden. Leichtsinnig oft. Und dann kommen die üblichen Strafen: Hausarrest und Fernsehverbot. Die Väter setzen somit auf Druck und Angst, um ihre Kinder zu erziehen. Besser geht es mit „Lob statt Strafe".

Sehen Sie nicht die Schwächen, sprich die Fehler, die Ihr Kind macht. Sehen Sie die Stärken, sprich das, was es gut kann. Nehmen Sie wahr, wenn sich Ihr Kind gut verhält, und loben Sie es dafür. Sie finden nichts, was Sie loben könnten? Dann sehen Sie genauer hin! Ihr Kind macht so viele Dinge, die Sie sich von ihm wünschen. Es steht rechtzeitig auf, um noch in Ruhe frühstücken zu können. Es zieht die dreckigen Fußballschuhe vor der Tür aus. Es stellt das schmutzige Geschirr in die Maschine. Alles Regeln, die Sie aufgestellt haben und die eingehalten werden. Sie haben also immer Grund zum Loben! Sätze wie „Schön, dass du alle Hausaufgaben erledigt hast" und „Klasse, dass du an den Friseurtermin gedacht hast" tun Kindern gut und machen sie stark. Loben Sie und Ihr Kind lernt, resilient zu werden, das heißt Niederlagen nicht auszuweichen, sondern sie zu verkraften und in etwas Positives zu verwandeln. Ein Lob macht widerstandsfähig, es bietet Orientierung und motiviert zu weiteren Leistungen. Es wird sich weiterhin darum bemühen, sich so zu verhalten, wie Sie es möchten. Denn Kinder wollen gefallen, geliebt und akzeptiert werden.

Natürlich klappt die Umsetzung nicht in wenigen Tagen. Väter brauchen Geduld. Wenn man aber konsequent diese

Erziehungsmethode anwendet, bessert sich das Familienklima schnell, Väter und Kinder finden zu einem liebevollen Miteinander. Das Kind erhält Gewissheit: Was ich tue, ist richtig. Das stärkt von Tag zu Tag das Selbstbewusstsein.

Als Faustregel raten Pädagogen: Viermal loben, einmal strafen, sprich kritisieren.

Doch Loben muss man können. Und so geht's:

1. Sofort loben

Im Gegensatz zur Kritik, die zeitlich gut platziert werden sollte, wirkt ein Lob am besten, wenn es spontan kommt und auch ehrlich gemeint ist. Erwachsene sollten wirklich gut finden, was sie loben. Sonst wirkt ein Lob auf Kinder schnell wie Spott.

2. Ohne Einschränkung loben

Wer Kritik und Lob vermischt, muss wissen, dass beim Empfänger die Kritik dominiert. Deshalb sollte man grundsätzlich ohne Einschränkung loben. Statt „Du hast die Vokabeln wirklich gut gelernt, schade ist nur, dass du nur die Hälfte gelernt hast" besser: „Du hast den ersten Teil prima gelernt. Wann soll ich denn den zweiten Teil abhören?"

3. Positiv loben

Grundsätzlich immer das Gelungene, das Gutgemachte loben, nicht das Ausgebliebene. Nicht „Schön, dass du endlich mal nicht die Sportsachen vergessen hat", sondern: „Toll, dass du deine Sportsachen dabei hattest!"

4. Differenziert loben

Besonders ältere Kinder brauchen genauere Angaben, was Sie an ihnen lobenswert finden. Statt „Du hast deine Vokabeln gut gelernt" besser: „Du hast eine gute Methode für dich gefunden, Vokabeln verlässlich zu lernen." Oder anstelle von „Schön, dass du dich um deinen kleinen Bruder kümmerst!" lieber: „Es hat mir gefallen, dass du mit deinem kleinen Bruder den Traumfänger gebastelt hast. Damit hast du ihm eine große Freude gemacht und mir den Rücken freigehalten."

5. Einzellob

Auch wenn alle drei Geschwister das Fahrrad perfekt repariert haben, loben Sie jedes Kind einzeln für das, was es geleistet hat. Ein Kind muss seinen Erfolg immer ganz für sich verbuchen können. Das gilt auch, wenn Sie etwas mit Ihrem Kind gemeinsam machen und es gut gelingt. Nehmen Sie sich ganz heraus. Statt „Ihr habt das alle klasse hinbekommen" besser: „Tobias, das war eine gute Idee, im Reifen erst die Luft herauszulassen. Und gut, Fabian, dass du sofort die richtigen Schrauben gefunden hast." Anstelle von „Der Aufsatz ist klasse. Gut, dass wir so schön geübt haben" lieber: „Du hast das Thema wirklich gut herausgearbeitet."

Schimpfen – darf man das?

Ja, spontan etwas klarstellen gehört zur Erziehung dazu. Doch sollte Schimpfen nicht nur „Dampf ablassen" sein, sondern das Kind sollte klar erkennen, was Sie erreichen wollen.

Statt „Was ist das wieder für ein fürchterlicher Lärm im Hause. Du bist total rücksichtslos" besser: „Bitte dreh die Musik leiser. Ich kann bei dem Lärm nicht telefonieren."

Statt „Musst du deiner Schwester immer das Spielzeug wegnehmen? Man kann euch keinen Augenblick allein lassen. Das ist furchtbar!" besser: „Nun setzen wir uns mal zusammen und besprechen miteinander, wer von euch beiden welches Spielzeug bekommt."

Statt „Wenn du dir ein Brot schmierst, bringt du die Küche komplett durcheinander" besser: „Komm, ich zeige dir mal, wie man kocht, ohne die Küche in ein Schlachtfeld zu verwandeln."

Kritik muss sein – aber richtig!

Niemand ist perfekt und das darf man ruhig sagen. Aber damit Kritik auch sinnvoll ist, kommt es darauf an, wie man sie übt:

1. Auf den Zeitpunkt achten!

Sinnvolle Kritik äußert man nicht zwischen Tür und Angel, sondern in einem ruhigen Augenblick. Auf keinen Fall sollte man während oder direkt nach einer Auseinandersetzung „lospoltern". Besser ist es, am nächsten Tag noch einmal auf das Thema einzugehen.

2. Unter vier Augen reden!

Kritik ist meist unangenehm. Deshalb sollte man ein Kind nie in großer Runde kritisieren, sondern grundsätzlich nur, wenn man allein ist. So vermeidet man, dass es sich schämt und blockiert.

3. Fair bleiben!

Väter sollten Kleinigkeiten nicht unnötig aufblasen. Ein vergessenes Schulheft, ein nicht aufgeräumter Schreibtisch – das sind keine großen Versäumnisse und sollten auch entsprechend mit zwei Sätzen abgehakt werden. „Ich wollte dir sagen, es ist nicht in Ordnung …"

4. Keine persönlichen Angriffe!

Väter kritisieren einen konkreten Fehler oder ein bestimmtes Ereignis, aber nie den Charakter oder die Persönlichkeit ihrer Kinder. Es geht nicht darum, Dampf abzulassen, sondern dem Kind zu helfen, künftig Fehler zu vermeiden. „Wie kann man nur so dumm sein!" geht gar nicht. Besser: „Du hast dich in der Situation nicht sehr klug verhalten …"

5. Botschaft transportieren!

Kritik soll einen Nutzen haben. Das Kind kann sich verbessern, in der Schule erfolgreicher sein und bei seinen Freunden sympathischer wirken. Deshalb sollten Väter ihre Kritik mit einer Botschaft beenden. „Wenn du künftig regelmäßig dein Zimmer aufräumst, wirst du langfristig weniger Arbeit damit haben und kannst früher zum Spielen gehen."

6. Verbesserungsvorschläge erarbeiten!

Etwas ist schiefgelaufen. Nun gut, aber das Kind sollte mit der Kritik auch zeitgleich einen besseren Weg einschlagen können. Entwickeln Sie gemeinsam eine Lösung. „Wie könntest du dich das nächste Mal in so einer Situation verhalten?" oder „Was könntest du tun, damit dir so eine teure Vase nicht wieder herunterfällt?"

TIPP: Was ist gut und was ist schlecht? Grenzen sollten sinnvoll sein und auch der Persönlichkeit der Väter entsprechen. Bevor Sie Regeln aufstellen, überprüfen Sie, was Sie Ihrem Kind vermitteln wollen, und lassen Sie sich nicht nur von Sätzen wie „Das tut man so" oder „Das muss so sein" verleiten. Muss Ihr Sohn immer samstags das Zimmer aufräumen? Ist es nicht egal, an welchem Tag er das macht? Vermitteln Sie ihm doch, es einmal in der Woche zu erledigen.

Test – Mache ich mein Kind stark?

Frage 1: Ihr 13-jähriger Sohn schwänzt die Schule und verschweigt schlechte Zensuren. Wie reagieren Sie?

a. Ich bin ratlos und suche Hilfe bei einem Fachmann. Mit diesem Verhalten setzt er seine Zukunft aufs Spiel. Das muss ihm jemand erklären. (1 Punkt)

b. Ich halte mir ein Wochenende frei und mache eine Fahrradtour. Zwei Tage nur für Vater und Sohn. Ich werde Gelegenheit finden, seine Sorgen zu hören und meine Hilfe anbieten. (2 Punkte)

c. Ich greife durch. Mit Hausarrest und Computerverbot wird er genug Zeit für die Schule haben. (0 Punkte)

Frage 2: Ihre neunjährige Tochter hat vergessen, eine wichtige Hausaufgabe zu erledigen. Sie liegt bereits im Bett. Sie haben noch etwas für die Firma zu erledigen. Jetzt steht sie vor Ihnen und weint. Wie verhalten Sie sich?

a. Ich schreibe eine Entschuldigung und erkläre, dass Sie die Hausarbeit vergessen hat (1 Punkt)

b. Ich tröste sie und schicke sie ins Bett. Die Ermahnung der Lehrerin wird ihr eine Lehre sein. Das nächste Mal wird sie besser aufpassen und früher an ihre Aufgaben denken. (0 Punkte)

c. Ich mache Platz an meinem Schreibtisch und helfe ihr, die Aufgabe zu erledigen. (2 Punkte)

Frage 3: Ihr 12-jähriger Sohn möchte leidenschaftlich gern Fußball spielen, ist aber nicht sonderlich erfolgreich. Was raten Sie ihm?

a. Ich melde ihn bei seinem Verein ab und sage ihm, dass er sich eine andere Sportart aussuchen soll. (0 Punkte)

b. Ich erkläre ihm, dass er sich verbessern kann, wenn er sich richtig bemüht. Gemeinsam erstelle ich mit ihm einen Trainingsplan und übe mit ihm. (2 Punkte)

c. Ich lasse ihn so lange spielen, wie er sich wohlfühlt. Er wird von selber merken, dass es ihm nichts bringt. (1 Punkt)

Frage 4: Ihre 16-jährige Tochter will unbedingt nach der 9. Klasse die Schule verlassen und eine Lehre beginnen. Wie reagieren Sie?

a. Ich vereinbare einen Termin beim Klassenlehrer und führe ein Gespräch zu dritt. (1 Punkt)

b. Das Mädchen muss mit 16 Jahren selbst wissen, was es will. Ich lasse es allein entscheiden. (0 Punkte)

c. Ich frage nach den Ursachen ihrer Entscheidung und erkläre ihr die Konsequenzen für ihre berufliche Zukunft. (2 Punkte)

Frage 5: Ihre sechsjährige Tochter möchte unbedingt ein Haustier haben. Sie wünscht sich eine Schildkröte. Wie gehen Sie mit der Bitte um?

a. Ich kaufe ihr ein Buch über Schildkröten und lese es mit ihr gemeinsam durch. Danach kann sie entschieden, ob sie das Tier immer noch möchte. (2 Punkte)

b. Ich verspreche ihr, das Tier zu kaufen, wenn sie ein gutes Zeugnis bekommt. (1 Punkt)

c. Ich sage Ihr, dass sie zu jung ist, sich um ein Tier zu kümmern. (0 Punkte)

Frage 6: Im Zimmer Ihres 14-jährigen Sohnes riecht es nach Zigarettenrauch. Wie reagieren Sie darauf?

a. Ich schimpfe und bestrafe ihn sofort mit Hausarrest am Wochenende. (0 Punkte)

b. Ich kläre ihn über die gesundheitlichen Folgen auf. (1 Punkt)

c. Ich erzähle von meiner Jugend und erkläre, dass ich damals nur geraucht habe, um anderen zu imponieren. (2 Punkte)

Frage 7: Ihre 12-jährige Tochter hat sich in einen Jungen aus der 8. Klasse verliebt. Was verhalten Sie sich?

a. Ich möchte den Jungen kennenlernen und bitte meine Tochter, ihn mitzubringen. (2 Punkte)

b. Ich verbiete ihr, sich mit dem Jungen zu treffen, weil sie viel zu jung ist, und drohe mit Taschengeldentzug. (0 Punkte)
c. Ich erkläre ihr, dass sie sich lieber mit Mädchen in ihrem Alter treffen soll. (1 Punkt)

Frage 8: Ihr 15-jähriger Sohn hat sich mit einem gleichaltrigen Mitschüler auf dem Schulhof geprügelt. Sie müssen mit ihm zum Schuldirektor. Wie verhalten Sie sich?
a. Ich sage, dass ich ihn beim nächsten Mal von der Schule abmelden werde. Sein Verhalten ist unmöglich. (0 Punkte)
b. Ich lehne Gewalt ab und erwarte, dass er dem Jungen die Hand reicht und sich die beiden versöhnen. (1 Punkt)
c. Ich lasse mir den Vorfall von ihm schildern und bereite mich mit ihm auf das Gespräch beim Direktor vor. (2 Punkte)

Ergebnis: ... Punkte

Auswertung
0–5 Punkte: Sie reagieren völlig falsch. Sie stärken Ihr Kind nicht, sondern entmutigen und verunsichern es. Versuchen Sie sofort den Perspektivwechsel und überlegen Sie, wie Ihr Kind sich in bestimmten Lebenssituationen wohlfühlt. Suchen Sie das Gespräch und holen Sie sich Rat und Unterstützung bei Fachleuten.
6–10 Punkte: Weiter so! Sie sind auf einem guten Weg, Ihr Kind mit Verständnis und Einfühlung zu erziehen. Aber lassen Sie sich künftig für Ihre Entscheidungen und Reaktionen mehr Zeit. Sie können noch besser auf Ihr Kind eingehen.

11–16 Punkte: Sie sind ein starker Vater, der sein Kind hervorragend begleitet und durch Krisen führt. Aber bleiben Sie im engen Gespräch, um die Entwicklung Ihres Kindes auch weiterhin effizient fördern zu können.

Konfliktfähig sein

Auseinandersetzungen gehören zum Leben. Menschen haben unterschiedliche Auffassungen und müssen miteinander einig werden. Das erleben wir tagtäglich im Berufsleben, verfolgen es in der Politik und beobachten es im Alltag. Familienleben funktioniert genauso. Je unterschiedlicher die Interessen und Wünsche sind, desto schwieriger ist es, sich zu einigen. Häufig hilft es dann nicht mehr, mal „ruhig darüber zu reden". Es kommt zu einem handfesten Streit.

Kleinkinder reagieren mit Brüllen und Toben. Sie kennen noch keine anderen Handlungsmöglichkeiten. Da müssen dann die Väter eingreifen und die Streitigkeiten beenden. Oft reicht es schon, das Kind nur abzulenken: „Sieh mal, da ist ein Vögelchen". Doch werden die Kinder größer, sind Spannungen damit nicht mehr auszugleichen. Sie müssen gelöst werden, damit sich alle Beteiligten wieder wohlfühlen können.

Wenn man richtig damit umgeht, ist Streit keine Belastung, sondern eine Bereicherung. Denn Väter und Kinder lernen sich besser kennen, verstehen die jeweiligen Standpunkte und trainieren, sich anderen gegenüber verständlich zu machen. Wer in der Familie „richtig" streiten kann, hat es im Leben „draußen" leichter.

Besonders wichtig ist eine geschliffene Streitkultur, wenn die Kinder in die Pubertät kommen, denn dann sind die meisten „auf Krawall gebürstet". Und wer mit dem Aggressionsschüben der Jugendlichen nicht richtig umgehen kann, bekommt schneller graue Haare, als es ihm lieb ist.

Richtig streiten und versöhnen kann man lernen. Und so geht's:

1. Ruhe bewahren.
Durchatmen, ein Getränk holen und dann das Gespräch suchen, so sollten Sie zunächst reagieren. Manchmal hilft es sogar, eine Nacht darüber zu schlafen und sich runterzukühlen.

2. Kontrolle behalten.
Werden Sie nie laut und beleidigend. Ausrasten ist ein Zeichen von Schwäche und bringt Ihnen bei den Kindern nur Minuspunkte. Verletzungen verhärten die Fronten.

3. Beim Thema bleiben.
Sprechen Sie konkret an, was zum Eklat geführt hat. Pauschalvorwürfe vergiften die Stimmung und zögern die Lösung hinaus.

4. Ausreden lassen.
Hören Sie zu, was das Kind zu sagen hat, und regieren Sie dabei nie ungeduldig. Das vermittelt Respekt und gibt dem Kind das Gefühl, ernst genommen zu werden.

5. Die Vergangenheitskiste geschlossen lassen.
Bleiben Sie in der Gegenwart. Es ist nicht wichtig, was Ihr Kind früher schon einmal falsch gemacht hat.

6. Verständnis signalisieren.
Beginnen Sie das Gespräch versöhnlich: „Ich kann verstehen, dass du bei dem schönen Wetter keine Lust hattest." Beenden Sie das Gespräch, wenn Ihr Kind abblockt: „Wir machen hier Schluss und sprechen heute Abend noch einmal darüber."

7. Kompromiss finden.
Lassen Sie Ihr Kind zuerst einen Vorschlag machen, wie der Konflikt beendet werden kann. So lernen Kinder, Verantwortung für ihr Handeln zu übernehmen.

8. Verzeihen.
Ziehen Sie einen Schlussstrich und halten Sie sich daran. „Weißt du was, wir vergessen das alles." Danach muss wieder Normalität gelten. Kinder brauchen Frieden.

Väter, die diese Regeln beherzigen, werden erleben, dass Streitigkeiten die Beziehung nicht belasten, sondern stärken. Konfliktfähig und kompromissbereit zurren sie mit jeder Auseinandersetzung das lebenslange Band zu ihren Kindern noch enger. Denn wer richtig miteinander streitet, lernt sich besser kennen, rückt näher zusammen und wird ein starkes Team.

Sonderfall Pubertät

In der Pubertät bildet sich bei den Jugendlichen ihre Persönlichkeit heraus. Damit das gelingt, müssen sie sich von ihren Eltern lösen. Die bislang vermittelten und relativ kritiklos angenommenen Werte und Regeln werden plötzlich infrage gestellt. Möglich macht das die Natur. Denn in der Pubertät baut sich das Gehirn um und erlaubt zunehmend abstraktes Denken und eine erhöhte Urteilsfähigkeit. Die Kinder machen nicht mehr einfach mit. Sie wollen nach eigenen Vorstellungen leben, beziehungsweise es zumindest mal versuchen. Anfangs gehen sie dabei noch vorsichtig und rücksichtsvoll vor. Aber wenn die Eltern es nicht verstehen, werden sie lauter. Und das erschreckt. „Unser Kind ist nicht wiederzuerkennen", hört man oft von Eltern halbwüchsiger Kinder.

Pädagogen raten, jetzt statt auf Erziehung auf Beziehung zu setzen, statt Bevormundung auf Dialog. 80 % der Gesprächszeit von Jugendlichen finden in der Pubertät mit gleichaltrigen Freunden statt. Sie geben vor, was „cool" ist. Die Jugendlichen wollen Selbstständigkeit demonstrieren und sind auf der Suche nach anderen Lebensentwürfen als die, die ihnen die Eltern vorgelebt haben. Die Fürsorge der Mutter ist nicht mehr gefragt. Die Leitfigur Vater bröckelt. Filmschauspieler und Sportler sind plötzlich Idole und werden in Kleidung und Auftreten kopiert.

Alles, was die Unabhängigkeit infrage stellen könnte, bringt die jungen Menschen auf die Palme. Sie ziehen einen hohen Zaun um ihre Privatsphäre und wollen sich möglichst unbeobachtet neu finden. Eltern sind jetzt nur peinlich, ihre öffentlich geäußerten Kommandos vernichtend.

Starke Väter wissen, dass Auseinandersetzungen in der Pubertät nicht nur normal, sondern sogar entwicklungsfördernd sind. Sie sind ein wichtiger Schritt und notwendig für die Persönlichkeitsbildung. Insgesamt sollten sich Väter etwas entspannter zurücklehnen, viel beobachten, wenig sagen, aber nie vergessen, dass ihr Kind noch ein Kind ist und Selbstständigkeit nur übt. Kontrollen und Grenzen sind auch jetzt wichtig. Aber sie sollten weiter gesteckt und es sollte lockerer kontrolliert werden. Es bringt nichts, sich über die Unordnung im Kinderzimmer aufzuregen oder über ungeputzte Schuhe. Starke Väter mit Weitsicht handeln anders.

1. Bleiben Sie mit Ihren Kindern im Gespräch. Aber statt viel zu fragen, erzählen Sie mehr von sich und Ihren Erfahrungen. Gedanken, Einsichten, Meinungen, das ist es, was Kinder hören und einordnen wollen.

2. Konzentrieren Sie sich bei der Erziehung auf drei wichtige Themen: falsche Freunde, Drogen, Sex. Denn die Verführung „draußen" ist groß und Kinder brauchen Hilfe, um Gut und Böse auseinanderzuhalten. Besser ist es, Regeln auszuhandeln und auf die Einhaltung zu achten.

3. Bieten Sie Sicherheit und emotionale Stabilität, indem Sie verlässlich da sind, wenn das Kind Sie braucht, und lassen Sie es spüren: Du bist klasse, so wie du bist, und du wirst geliebt.

4. Beobachten Sie wohlwollend die ungeübten Schritte in die gefühlte Unabhängigkeit aus verantwortungsvoller Distanz. Es schadet nichts, sich unbemerkt anzugucken, wie der Jugendtreff ist, den der Sohn so gern besucht, und bei welcher Freundin die Tochter übernachtet.

5. Versuchen Sie nicht, mit Strafen und Verboten die Kinder zurechtzubiegen. Die Gefahr, dass die Kinder massiv rebellieren, ist zu groß.

6. Vertrauen Sie Ihren Kindern. „Du schaffst das. Ich weiß das" sind Sätze, die Kindern gut tun und sie über sich hinauswachsen lassen. Kinder wollen ihre Väter nicht enttäuschen. Auch nicht in der Pubertät.

7. Verdeutlichen Sie sich, dass die Pubertät irgendwann ein Ende hat und Ihr Leitstern wieder heller denn je erstrahlt, wenn die Kinder 16 Jahre alt sind. „Papa ist der Beste" – ein Satz, den ein starker Vater noch oft zu hören bekommt.

Family-Round-Table – der zuverlässigste Weg, Konflikte einvernehmlich zu lösen

Lautstarker Streit, ein schwelender Konflikt, bohrende Rachegefühle und ein quälend schlechtes Gewissen – all das lässt sich im Vorfeld vermeiden. Wenn Väter mit ihren Kindern einen partnerschaftlichen Umgang aufbauen und eine demokratische Konfliktlösung anstreben, werden Probleme gelöst und es gibt keine Verlierer, sondern nur Gewinner.

Pädagogen empfehlen den „Family-Round-Table" als sicherste Methode, Konflikte schnell zu lösen. Dabei treffen sich zu bestimmten Zeiten alle Familienmitglieder an einem Tisch (Round-Table), um über Unzufriedenheit zu sprechen, Probleme gemeinsam zu lösen und Entscheidungen zu treffen. So vermeidet man überflüssige Spannungen durch „Machtworte" und „Durchgreifen".

Kinder lernen dabei, wie man sich bei Konflikten fair und konstruktiv mit anderen Menschen auseinandersetzt. Zudem übernehmen sie Verantwortung für ihre Entscheidungen. Denn sie halten sich leichter an Absprachen, denen sie zugestimmt haben, als an Regeln, die man ihnen vorgesetzt hat.

Erwachsene lernen, ihre Kinder ernst zu nehmen und sich mit ihren Gedanken und Gefühlen zu beschäftigen.

Und so geht's:

Der „Family-Round-Table" findet regelmäßig einmal in der Woche zu einem festgelegten Zeitpunkt statt. Am besten am Wochenende, wenn alle Teilnehmer ausreichend Zeit haben. Wenn es aktuelle Probleme gibt, kann er auch „außerplanmäßig" einberufen werden, ähnlich einer Eilsitzung im Bundestag.

Der Vorsitz wechselt einmal im Monat, damit nicht immer nur Mutter oder Vater das Wort haben.

▶

Jedes Familienmitglied darf ein Problem vorbringen und alle anderen hören zu. Die Thematik kann vielfältig sein: die Höhe des Taschengeldes, der Zeitpunkt, zu dem man zu Hause sein muss, Beschwerden über Geschwister, Unzufriedenheit mit Haushaltspflichten, Gefühle wie „Ich glaube, ihr habt mich nicht mehr lieb" oder „Es macht mich traurig, dass keiner mit mir Fußball spielt!"

Gemeinsam wird dann diskutiert und nach einer Lösung gesucht. Oft sind es die kleineren Kinder, die interessante Lösungsvorschläge parat haben, weil sie noch sehr gradlinig denken. Die Mehrheit entscheidet, wie die Lösung aussieht. Kinder- und Elternstimmen zählen gleich. Was entschieden wird, ist verbindlich und muss auch nicht mehr besprochen werden – bis zum nächsten „Family-Round-Table".

Wichtig ist es, die Gespräche nicht zu lange auszudehnen. Kleine Kinder zwischen drei und sechs Jahren können sich nicht länger als 20 Minuten konzentrieren. Bei Jugendlichen kann man auch zwei Stunden zusammenbleiben. Oft ist es sinnvoll, die Großeltern mit einzubeziehen. Dadurch erhöht sich die Anzahl der Mitwirkenden und es kommen neue Impulse dazu.

Das sollten Sie wissen!

Eine Familie reagiert auf Unruhe wie ein Mobile. Berührt man eine Stelle, bewegt sich gleich alles. Geht es einem Familienmitglied schlecht, leiden alle darunter. Haben Vater und Sohn Streit, verändert sich auch das Miteinander von Mutter und Tochter und umgekehrt. In einer Familie sind alle miteinander verknüpft, das heißt, jeder wird von jedem beeinflusst. Ein Problem, das ein Familienmitglied hat, wird zum Problem von allen. Deshalb muss jeder jeden ernst nehmen.

Test – Erkenne ich, wenn mein Kind gemobbt wird?

Für jedes Ja gibt es einen Punkt. Zählen Sie die Punkte am Schluss zusammen.

1. Ihr Kind erzählt nur auf Nachfrage vom Schultag.
2. Ihr Kind ist fast immer nachmittags zu Hause.
3. Ihr Kind zeigt Verhaltensauffälligkeiten: Kratzen, Nägelkauen, Zucken.
4. Ihr Kind hält sich bei Gesprächen in der Familie zurück.
5. Ihr Kind hat starke Stimmungsschwankungen.
6. Ihr Kind verliert häufig Kleidung und Schulsachen.
7. Ihr Kind schläft schlecht.
8. Ihr Kind will auch mit Ihnen nichts unternehmen.
9. Ihr Kind zeigt kein Interesse an anderen Kindern.
10. Ihr Kind beschäftigt sich mit Spielen, die nicht altersgemäß sind.

Ergebnis: … Punkte

Auswertung

0–3 Punkte: Mobbing ist eher unwahrscheinlich. Verhaltensauffälligkeiten Ihres Kindes können verschiedene Ursachen haben: Stress, Pubertät, familiäre Probleme. Bleiben Sie achtsam und beobachten Sie weitere Veränderungen. Tipp: Unternehmen Sie viel zusammen. Ihr Kind braucht liebevolle Zuwendung und Fürsorge.

4–6 Punkte: Es spricht einiges für Mobbing. Durchsuchen Sie die Schul- und Sportsachen, achten Sie auf zerknüllte Zettel,

denn häufig stehen Beschimpfungen darauf. Versuchen Sie
Ihr Kind unauffällig auf dem Schulweg zu beobachten. Tipp:
Kontrollieren Sie die Facebook-Eingänge und den Nachrichteneingang des Handys. Mobbing hört nicht in der Schule
auf!

Ab 7 Punkte: Höchstwahrscheinlich wird Ihr Kind gemobbt.
Sie brauchen Gewissheit. Suchen Sie auf jeden Fall das Gespräch mit den Lehrern. Sprechen Sie Ihr Kind unter vier
Augen auf Ihren Verdacht an. Drängen Sie auf Maßnahmen
der Schule und schalten Sie einen Psychologen ein.

Leistungsbereitschaft stärken

Jeder Vater wünscht sich Kinder, die mit Freude lernen, gern
in die Schule gehen und im Alltag wissbegierig sind. Eigentlich sind Kinder von Natur aus neugierig und lernen spielerisch, instinktiv und selbstständig. Doch das spontane und
selbstmotivierte Lernen endet meist mit dem Beginn der
Schulpflicht. Denn dann gibt es Zeitpläne, festgelegte Inhalte
und Prüfungen, bei denen Leistungen gefragt sind. Lernen
wird lästig, im schlimmsten Fall sogar zur Qual.

Im Idealfall ist ein Unterricht so mitreißend, dass Kinder Spaß
am Thema haben und weiterhin aus Freude lernen. Doch die
Wirklichkeit sieht anders aus. Untersuchungen haben ergeben, dass der Spaß an der Schule mit jedem Schuljahr kontinuierlich abnimmt. Statt spielerisch zu lernen, was Freude
macht, wird Schule immer mehr zu einer Einrichtung, die
massenhaft lexikalischen Stoff abfragt, ohne Rücksicht auf

Lerneifer, Naturell und Begabung der Schüler. Passivität und Resignation wachsen.

Die Kinder klagen über die „doofen" Lehrer, machen widerwillig Hausaufgaben und demonstrieren nur zu deutlich ihre „Null-Bock-Stimmung" mit betont lässiger Haltung und konsequentem Nichtinteresse an dem Schulstoff. Alles geht vor: Freunde, Facebook, Sport. Auch für Väter ist der Schulalltag quälend, sie müssen ständig kontrollieren und ermahnen und fallen jedes Mal aus allen Wolken, wenn trotzdem ein Brief von der Schule kommt mit dem Dreizeiler: „Ihr Kind hat zum wiederholten Male seine Schulaufgaben nicht erledigt!"

Wir leben in einer Leistungsgesellschaft. Schon im Kindergarten wird darauf hingearbeitet, dass Kinder Schlüsselfunktionen erlernen, die es ihnen ermöglichen, in ihrem weiteren Leben Erfolg zu haben. Bildung ist der Schlüssel zu Ansehen, finanzieller Sicherheit und einem Job mit relativ hoher Sinnhaftigkeit. Die Erwachsenen wissen das, appellieren gern an die Vernunft: „Du musst die Vokabeln lernen. Schließlich willst du doch später mal studieren." Doch solche Sätze bringen nichts.

Demotivierte Kinder brauchen mehr als Appelle. Denn zu viel kann hinter dem Desinteresse stehen: Überforderung durch die falsche Schulwahl, Spannungen mit den Lehrern, Mobbing durch Mitschüler, Müdigkeit und mangelnde Konzentration, Ängste und psychische Probleme.

Wie können gute Väter Kinder und Jugendliche zum Lernen motivieren? Wie erreicht man, dass sich Kinder in der Schule engagieren? Grundsätzlich gibt es vier einfache Strategien, Kinder zu motivieren:

1. Erfolg macht ehrgeizig.

Jedes Kind wünscht sich gute Noten. Wenn Kinder die Erfahrung machen, dass sich Anstrengung auszahlt, sind sie auch bereit, zu investieren. Doch um das Rad erst einmal anzuwerfen, helfen Belohnungen. Die sollten zeitnah in Aussicht gestellt werden. Ein neues Handy am Ende des Schuljahres reizt wenig. Für das Zeitempfinden eines Kindes ist das einfach zu weit weg. Besser ist es, Anreize für den nächsten Tag beziehungsweise die nächste Woche zu geben. „Wenn die Mathearbeit am Dienstag gelingt, gehen wir am Wochenende ins Kino!"

Dabei sollte man aber leistungsmäßig nicht zu viel erwarten, sondern erreichbare Ziele anstreben. Für einen Schüler, der immer Fünfen schreibt, ist eine Vier ein Erfolg, der Anerkennung verdient. Denn wenn ein Ziel unerreichbar erscheint, resigniert ein Kind und gibt vorzeitig auf. Wofür lernen und sich Mühe geben, wenn man sowieso keine Chance hat? Deshalb sollten Väter die Messlatte nicht zu hoch hängen.

2. Das Thema muss passen.

Jedes Kind hat Interessen. Das kann Sport sein, Musik, Mode. Darauf kann man aufbauen und Motivationsförderung üben. Statt gleich mit dem Schulstoff einzusteigen, lässt sich Rechnen auch am Punktestand der Bundesliga üben und die Lesefreude mit einem Buch über das heißgeliebte Haustier ankurbeln. Ältere Kinder möchten gern den Lego-Flugplatz zusammenbauen. Eine ideale Gelegenheit, sich über die physikalischen Hintergründe des Fliegens zu informieren: Warum bleibt ein Flugzeug in der Luft?

Darüber hinaus lohnt es sich für Väter, Schülern den persönlichen Nutzen einzelner Fächer zu erklären. „Sieh mal, du möchtest doch mal Modedesignerin werden. Dann musst du Stoffmengen berechnen können. Ohne Mathematik geht das nicht." Und eine gute Rechtschreibung ist wichtig, wenn man der heißbegehrten Jugendliebe eine SMS schreiben will und sich nicht blamieren möchte. Kinder, die wissen, wofür sie lernen, und erleben, dass sie Erlerntes im Alltag anwenden können, sind auch bereit, sich mit Dingen zu beschäftigen, die Mühe machen.

3. Loben, loben, loben.

Jedes Kind will seinem Vater eine Freude machen und gefallen. Jedes Kind will gewinnen und erfolgreich sein. Motivieren Sie zu Leistung, indem Sie auch kleine Schritte loben. Wenn die Interpretation gerade mal aus drei Sätzen besteht, loben Sie den Anfang und ermutigen Sie mit einem „Das wird ja bestimmt richtig spannend" zum Weiterschreiben. Wenn die Aufgaben richtig gerechnet, aber schlampig geschrieben sind, loben Sie das Ergebnis. Über die Form können Sie später noch sprechen.

4. Stärken stärken.

Finden Sie heraus, was Ihr Kind besonders gut kann, und unterstützen Sie es darin. Teilen Sie die Begeisterung für die Musik. Fördern Sie das Talent im Sport. Ein Kind, das sich auf einem Gebiet gut und stark fühlt, entwickelt Selbstbewusstsein und Ehrgeiz auch in anderen Bereichen. Der super Tennisspieler wird von seinen Mitschülern angehimmelt und hat keine Hemmungen, sich im Unterricht zu melden. Er will am liebsten überall glänzen.

Eine Zwei in Deutsch und eine Fünf in Mathe? Statt sich über die Fünf aufzuregen, freuen Sie sich über die tolle Zwei und sprechen Sie mehr über die gute Leistung als über die schlechte. Das weckt im Kind den Ehrgeiz, es auch in Mathe noch zu einer ordentlichen Zensur zu bringen.

Mit diesen Strategien machen Sie Ihr Kind grundsätzlich ehrgeizig und leistungsbereit. Doch die Lust auf Lernen und Leistung ist nicht statisch. Schulalltag und Freizeit stecken für Ihr Kind voller Ablenkungen, Hindernisse und Tücken und immer wieder verpassen Null-Bock-Stimmungen und Misserfolge Ihren Bemühungen einen dicken Dämpfer. Lassen Sie sich davon nicht entmutigen, sondern steuern Sie schnell und gezielt dagegen an.

Und so geht's:

1. Fehlende Motivation – suchen Sie sofort nach den Ursachen.
Sprechen Sie mit dem Kind, aber auch mit den Lehrern und Trainern und lassen Sie sich erklären, warum etwas keine Freude macht.

2. Fördern Sie die Eigeninitiative.
Unterstützen Sie, dass Ihr Kind mehr allein erledigt – Verabredungen in der Freizeit, Einkäufe, Besuche von Veranstaltungen.

3. Übertragen Sie Verantwortung.

Geben Sie Ihrem Kind ein fest umrissenes Aufgabengebiet, für das es allein verantwortlich ist, z. B. die Pflege des Haustieres, das In-Ordnung-Halten des Bastelkellers, das Anlegen eines Blumenbeetes.

4. Wenden Sie Wissen an.

Besonders gut geht das bei Fremdsprachen. Ein Urlaub in einem englischsprachigen Land wirkt Wunder.

5. Entwickeln Sie ein Belohnungssystem.

Jüngere Kinder bis zwölf Jahre mögen einen Punkteplan (pro Erfolg gibt es bestimmte Punkte, zusammengezählt ein Geschenk). Ältere bevorzugen ein konkretes Versprechen (Übernachtungsparty, Ausflug, Zoobesuch).

6. Erklären Sie Misserfolge.

Fleißig gelernt und trotzdem die Deutscharbeit verhauen? In Ruhe darüber sprechen und herausarbeiten, was schiefgelaufen ist. Sonst bekommt die Motivation einen dauerhaften Dämpfer.

Das sollten Sie lassen:

1. Keine Vergleiche mit anderen Kindern ziehen.

Ob Geschwisterkinder oder der Nachbarsjunge – vergleichen Sie niemals die Leistungen verschiedener Kinder miteinander. Das schafft unnötigen Druck!

2. Keine Wenn-dann-Erziehung.

Nehmen Sie elterlichen Bedingungssätzen den drohenden Unterton. „Du triffst dich erst mit Philip, wenn du die Vokabeln gelernt hast!" – besser: „Lern doch gleich die Vokabeln, damit du noch Zeit zum Spielen hast!"

3. Keine Themen vorschreiben.

Ob Science-Fiction oder Comic – lassen Sie Ihr Kind lesen, was es will. Hauptsache, es liest! Auswendiglernen von Biografien von Fußballstars und Topsängern – ist doch in Ordnung. Wichtig ist, dass es sich Wissen erarbeitet.

Elternsprechtag

Väter sollten den Elternsprechtag nutzen. Er ist für Väter eine bewährte Möglichkeit, sich über die Leistungsentwicklung ihres Kindes, sein Verhalten und sonstige schulischen Angelegenheiten zu informieren.

Doch denken Sie daran: „Begehrte" Lehrer sind selten länger als zehn Minuten zu sprechen. Deshalb scheuen Sie sich nicht, über das Sekretariat gesonderte Gesprächstermine zu vereinbaren!

Für jedes Gespräch mit dem Lehrer gilt: Bereiten Sie sich gut vor. Erwarten Sie nicht nur Lob, sondern auch konstruktive Kritik.

Überlegen Sie im Vorfeld, welche Fragen Sie an den Lehrer haben.

Beispiele:

- Wo sehen Sie die Stärken und Schwächen meines Kindes?
- Wie beurteilen Sie die Mitarbeit und Zuverlässigkeit?

- Haben Sie „Lücken" beim Lernen festgestellt und wenn ja, wie kann ich zu Hause helfen?
- Halten Sie eine externe Hilfe für angemessen?
- Kann mein Kind in der Schule selbstständig arbeiten?
- Wie beurteilen Sie sein Verhalten in der Schule?
- Nach welchen Grundsätzen bewerten Sie Leistung und wie ist die Gewichtung schriftlicher und mündlicher Leistungen?
- Welche Unterrichtsthemen sind geplant und welche Kompetenzen sollen erreicht werden?

Je besser Sie vorbereitet sind, desto mehr können Sie für Ihr Kind erreichen. Übrigens ist es oft hilfreich, wenn Ihr Kind zum Elternsprechtag mitkommt. Dann wird nicht „über" sondern „mit" ihm über die schulische Situation gesprochen.

Ärger mit dem Lehrer? So meistern Sie die Situation

1. Sorgen Sie für gegenseitigen Respekt. Hören Sie dem Lehrer zu und verdeutlichen Sie Ihr Interesse an einem guten Kontakt zur Schule.
2. Vereinbaren Sie einen regelmäßigen Austausch und machen Sie deutlich, dass Sie mit der Schule „an einem Strang" ziehen wollen und das Ziel einer möglichst guten Schulbildung verfolgen.
3. Seien Sie offen und ehrlich. Manche Schulprobleme haben häusliche Hintergründe und erklären dem Pädagogen ein bestimmtes Verhalten. Stehen Sie zu Ihren Problemen.

Sollten nicht alle unterschiedlichen Sichtweisen oder Differenzen ausgeräumt werden können, verabschieden Sie sich mit einer konkreten Botschaft: „Ich sehe unser Gespräch als Einstieg in eine Verständigungsphase und freue mich, bald wieder mit Ihnen zu sprechen!"

▶

Für getrennt lebende Väter: Vereinbaren Sie mit der Schule, dass jeder Elternteil sämtliche Informationen der Schule erhält und Kontakt zum Klassenlehrer pflegen wird. Versuchen Sie aber nicht, den Lehrer in Konfliktfällen auf Ihre Seite zu ziehen.

Wichtig: Die Schule hat für Ihr Kind einen hohen Stellenwert. Nehmen Sie am Leben Ihres Kindes teil und zeigen Sie ihm deutlich, dass Sie es verlässlich durch die Schulzeit begleiten.

Hausaufgaben

Hausaufgaben – die tägliche Herausforderung. Sie können den Familienfrieden mächtig durcheinanderwirbeln. Denn viele Väter fühlen sich als „Hilfslehrer", die antreiben, erklären und kontrollieren müssen.

Welche Rolle sollten denn Väter bei den Hausaufgaben ihrer Kinder spielen?

Vorab – erinnern Sie sich an Ihre eigene Schulzeit? War auch bei Ihnen der Unterricht oft eintönig und langweilig und die Hausaufgabe eine missliche Angelegenheit? Haben Sie nie Ihre Hausaufgaben „vergessen", sie nachlässig angefertigt und oft gehofft, der Lehrer würde nicht kontrollieren? Gut, das wäre geklärt. Vermeiden Sie also Vorwürfe oder Strafe, wenn Ihr Kind mault oder gar die Leistung verweigert. Lassen Sie sich stattdessen am besten täglich den Unterrichtsstoff erzählen und den Umfang der Hausaufgaben schildern. Bei Kindern unter 14 Jahren sollten Aufgaben jeden Tag kontrolliert werden. Bei älteren reichen Stichproben. Der Zeitaufwand für die Hausaufgaben sollte im Primarbereich 30 Minuten, im Sekundarbereich 60 Minuten und in der gymnasialen Oberstufe 120 Minuten nicht überschreiten.

Und so geht's:

- Sorgen Sie zu Hause für Arbeitsbedingungen, die ein konzentriertes Arbeiten ermöglichen (eigener Schreibtisch, Ruhe, Wärme).
- Verabreden Sie mit Ihrem Kind, zu welcher Uhrzeit es die Hausaufgaben machen möchte. Achten Sie dann aber auch auf die Einhaltung der Absprache.
- Arbeiten Sie gemeinsam einen Wochenplan aus, der alle Nachmittagsaktivitäten auflistet und die Hausaufgabenzeiten konkretisiert.
- Sorgen Sie dafür, dass der Abend hausaufgabenfrei bleibt. Alles andere führt zu unnötigen Belastungen und Misstönen.
- Bei monotonen Arbeiten kann leise Musik für bessere Laune sorgen.
- Bei längerer Dauer lassen Sie spätestens nach 30 Minuten eine Pause zu. Entspannung muss sein – mit einem kurzen PC-Spiel oder einem Telefonat mit Freunden.
- Nach angestrengter Arbeit sind Belohnungen erlaubt – vielleicht verabreden Sie einen gemeinsamen Kinobesuch, natürlich für den Lieblingsfilm Ihres Kindes.
- Lassen Sie sich in regelmäßigen Abständen die Hausaufgaben Ihres Kindes erklären: Diese Win-win-Situation festigt für Ihr Kind das Gelernte und sorgt dafür, dass Sie als Erziehungsberechtigter „am Ball" bleiben. Ihr Kind nimmt dieses Ritual als Wertschätzung und als Bestätigung seines Bemühens.
- Leider gibt es das heute auch noch: Lehrer, die ihren Stoff durchziehen, die wenig von Lerntheorien verstehen, sinnlose Beschäftigungen am Nachmittag verordnen und die Hausaufgaben nicht in den weiteren Lernprozess einbeziehen. Kein Wunder, dass Kinder Hausaufgaben mit Langeweile verbinden. Helfen Sie, indem Sie motivieren. „Komm, bring es hinter dich. Danach hast doch noch zwei schöne Stunden mit deinem Freund!"

> **Tipp:** Sollte Ihr Kind im Unterricht etwas nicht verstanden haben und die Hausaufgabe ohne fremde Hilfe nicht erledigen können: Schreiben Sie dem Lehrer, dass er die Sache bitte noch einmal im Unterricht erklären möge.

Test – Ist mein Kind in der Schule überfordert?

Geben Sie sich für jede Ja-Antwort einen Punkt.

1. Ihr Kind schafft die Hausaufgaben nicht allein und braucht immer Hilfe?
2. Ihr Kind klagt über Bauchweh, wenn Klassenarbeiten geschrieben werden?
3. Die Lehrer bemerken mangelnde Mitarbeit und einen Leistungsabfall?
4. Ihr Kind kann abends schlecht einschlafen und ist tagsüber müde?
5. Ihr Kind reagiert schon auf kleinste Ermahnungen aggressiv und gereizt?
6. Ihr Kind stört den Unterricht und fällt als Klassenclown auf?
7. Ihr Kind übernimmt keine Eigenverantwortung für seine Schulprobleme und gibt Lehrern und Mitschülern die Schuld?
8. Ihr Kind ist im Gespräch nervös und unkonzentriert und lässt Sie nie ausreden?

9. Ihr Kind malt seine Schulhefte und Arbeitsmaterialien voll?
10. Ihr Kind zieht sich von seinen Freunden zurück und will nur noch am PC spielen?

Ergebnis: … Punkte

Auswertung

0–3 Punkte: Achtung! Es gibt erste Anzeichen von Überforderung. Finden Sie durch gezieltes Nachfragen die Ursachen heraus und helfen Sie dabei, wieder den schulischen Anschluss zu finden.

4–6 Punkte: Ihr Kind ist den Herausforderungen nur noch eingeschränkt gewachsen. Wenden Sie sich umgehend an die Schule und sprechen Sie ab, wie eine Hilfe aussehen könnte. Bitten Sie um zusätzliche Förderung und sorgen Sie für ein stressfreies Zuhause.

Ab 7 Punkte: Ihr Kind ist überfordert. Es braucht dringend Hilfe. Finden Sie – gemeinsam mit der Schule – Lösungen. Möglicherweise ist eine Wiederholung der Klasse oder ein Schulwechsel der Schlüssel zum künftigen Schulerfolg.

Fallbeispiele

Fall 1: Jörg H. (42) aus Nürnberg – Familienvater:
„Ich kann mich doch nicht zerreißen!"

„Ballettaufführung? Heute? Warum hast du mir das denn nicht früher gesagt?"

Jörg H. (42) nippt nervös an seinem Frühstückskaffee und blättert unruhig in der Tageszeitung. Ein Blick zur Uhr. „Verdammt! Es ist schon spät. Ich muss los."

Der selbstständige Versicherungskaufmann streichelt beim Aufstehen seinen Kindern Franziska (15) und Alexander (10) über die Wangen, drückt seiner Frau Ute (40) im Vorübergehen einen Kuss auf die Stirn und greift zu seiner Aktentasche. Als er sich im Flur die Jacke anzieht, ruft ihm Franziska zu: „Ich habe es dir schon vor einer Woche gesagt. Du wolltest doch kommen."

Aber Jörg hört nicht mehr zu. Er ist in Eile. Um neun muss er bei einem Kunden sein. Hat er überhaupt die Unterlagen eingepackt? Weiß sein Chef, wo er heute früh ist? Nicht, dass es Ärger im Büro gibt. Die Akten müssen im Auto liegen. Oder sind sie noch bei der Kollegin? Das wäre mehr als peinlich.

„Tschüss, bis heute Abend!", ruft er noch schnell. Dann fällt die Tür ins Schloss und mit großen Schritten hetzt Jörg die Einfahrt entlang zu seinem Auto.

Für Franziskas Satz „Ich habe mich so gefreut!" ist es zu spät. Jörg ist schon weg, auf dem Weg in eine andere Welt, in der es um Konkurrenz, Erfolg und viel Geld geht.

Das Mädchen stochert jetzt abwesend im Müsli. Die Augen sind feucht.

„Nun warte mal ab", versucht Ute ihre Große aufzuheitern. „Es kann gut sein, dass Papa es heute Abend schafft."

Franziska sieht ihre Mutter von der Seite an. Ihr Blick wirkt ernst, fast schon bitter.

„So wie er es in den letzten drei Jahren immer geschafft hat? Meinst du das? Mama, ich mache seit drei Jahren Ballett und Papa hat es noch nicht einmal hinbekommen, bei einer Vorführung dabei zu sein. Weißt du was? Er soll es einfach bleiben lassen. Ich verzichte auf ihn als Zuschauer. Soll er doch seine blöden Versicherungen verkaufen, wenn er das spannender findet."

Das zierliche blonde Mädchen schnappt sich jetzt aufgebracht seine Tasche.

„Warum ist er überhaupt noch bei uns. Er kann doch im Büro schlafen", motzt sie lautstark weiter, und bevor Ute etwas sagen kann, ist Franziska schon aus dem Haus und auf dem Weg zur Schule.

„Ich finde, Franzi hat recht", meint Alexander. „Papa hat auch immer noch nicht mit mir das große Puzzle gemacht, das ich zu Weihnachten von Omi und Opi bekommen habe. Dabei hat er es mir schon so oft versprochen. Er sagt doch immer: ‚Am nächsten Wochenende. Da machen wir das!' Aber jetzt ist schon September. Bald ist wieder Weihnachten und ich bekomme das nächste Puzzle. Das ist doch blöd."

Der Zehnjährige beißt aufgebracht ins Brötchen und sieht seine Mutter trotzig an. „Wenn Papa am Sonntag mit mir spielen will, habe ich auch keine Zeit."

Ute streichelt dem Knirps beruhigend über den Kopf und lächelt ihn liebevoll an. Aber eigentlich weiß sie längst nicht mehr, womit sie die Kinder trösten soll. Die immer selben Erklärungen, mit denen sie versucht, ihren Mann in Schutz zu nehmen, können Alex und Franzi längst nicht mehr ernst nehmen.

„Komm Alex, sei nicht böse auf Papa. Du weißt doch, dass er viel arbeiten muss. Weil Papa so fleißig ist, können wir in einem schönen Haus leben und jedes Jahr in den Urlaub fahren. Sei ganz sicher, dass er viel lieber mit dir und Franziska etwas unternehmen würde. Aber wenn er abends aus dem Büro kommt, seid ihr oft schon im Bett und träumt etwas Schönes. Ihr verpasst euch einfach."

Alexander verdreht die Augen und äfft mit gespielt dunkler Stimme seinen Vater nach: „‚Ich muss arbeiten. Einer muss ja dafür sorgen, dass Geld ins Haus kommt.' Ich weiß Mama. Das bekommen wir doch schon ständig von Papa zu hören."

Ute steht kopfschüttelnd auf und räumt die Teller weg. Ihr fehlen die Argumente.

„Du musst los, Alex. Lass uns das Puzzle heute Nachmittag machen. Ich frage, ob die Omi auch Lust hat und dann machen wir es zu dritt. Es gibt Kakao und ich hole uns Amerikaner. Und wenn wir uns richtig viel Mühe geben, haben wir es heute Abend vielleicht schon fertig, bevor Franzis Aufführung beginnt."

Alexander strahlt seine Mutter an. „Ich frage Philip, ob er auch kommt. Dann zeigen wir Kids euch mal, wie man das in Rekordzeit fertig macht. Bis später und Finger weg vom Puzzle. Sonst kommst du noch auf die Idee, vorher zu üben."

Als Jörg an diesem Abend nach Hause kommt, schläft Alexander schon zufrieden in seinem Bett. Das fertige Puzzle liegt auf seinem Schreibtisch. Ute hat es gerahmt und will es morgen früh in seinem Zimmer aufhängen.

Franziska sitzt noch in ihrem Zimmer vor dem PC, und als ihr Vater die Tür öffnet, nickt sie ihm gerade mal beiläufig zu und murmelt ein kaum hörbares „Hi!"

Sie hat mal wieder ohne ihn als Zuschauer getanzt und zeigt ihm jetzt deutlich, dass sie seine Abwesenheit auch dieses Mal verletzt hat.

Ute ist erschöpft. Der Tag war turbulent. Als Jörg sich ins Wohnzimmer setzt, um ein Fußballspiel zu sehen, brutzelt sie ihm in der Küche schnell ein paar Nudeln. Als sie ihm später erzählen möchte, wie die Kinder reagiert haben, hört sie sein Schnarchen. Er ist vor dem Fernseher eingeschlafen.

In dieser Nacht kann Ute schlecht schlafen. Zu viel geht ihr durch den Kopf. Sie ist jetzt fast 20 Jahre mit Jörg verheiratet. Aber glücklich ist sie längst nicht mehr mit ihm. Wie auch, sie sieht ihn doch kaum.

Jörg ist als Versicherungskaufmann in Nürnberg erfolgreich. Seit fünf Jahren leitet er eine Filiale. Ute arbeitet als Grafikerin bei einem Anzeigenblatt. Die beiden haben sich mit Anfang zwanzig in einem Bistro kennengelernt, zwei Jahre später geheiratet. Als Franziska auf die Welt kam, wollten sie sich die Kindererziehung teilen. Doch die Realität sah schnell anders aus. Jörg hat einen Fachhochschulabschluss und von Anfang an besser verdient als Ute. Also hat sie ihren Vollzeitjob aufgegeben und sich zwei Jahre nur um das Baby gekümmert. Danach hat sie wieder stundenweise gearbeitet, aber immer darauf geachtet, ab Mittag zu Hause zu sein.

In der Zeit, als Alexander geboren wurde, konnte Jörg im Unternehmen Karriere machen. Fünf Jahre später bekam er die begehrte Filialleitung. Damit hatte er zwar ein deutlich höheres Einkommen als zuvor, aber auch wesentlich mehr Verantwortung. Er muss seitdem sechs Mitarbeiter führen und hat eine 50-Stunden-Woche. Dazu kommen regelmäßig Wochenendseminare. Für die Familie heißt das, dass sich Ute seit der Beförderung nahezu ausschließlich um die Erziehung der Kinder kümmert.

Jörg kommt nie vor 20 Uhr nach Hause. Und meistens setzt er sich dann sofort vor den Fernseher, um zu entspannen, oder verschwindet nach dem Abendessen im Schlafzimmer, wo sein PC steht. Dann erledigt er noch dringende Anfragen seiner Kunden oder führt Strategiegespräche mit dem Chef. Schularbeiten, Fahrdienste, Kindergeburtstage, Elternsprechtage, das ist alles Utes Sache. Und mehr noch, auch für das seelische Wohlbefinden der Kinder liegt die Verantwortung ausschließlich bei ihr.

Aber Ute fühlt sich nicht nur zunehmend überfordert. Sie ist auch unzufrieden. Sie merkt, dass die Familie immer weiter auseinanderdriftet. Jörg hat kaum mehr Einfluss auf die Kinder. Mehr noch, er weiß längst nicht mehr, was sie bewegt, worunter sie leiden, was sie beschäftigt. Er „führt" seine Kinder nicht ins Leben, sondern scheint sie immer weniger wahrzunehmen. Er kennt weder ihre Lehrer noch ihre Freunde und kann sich nicht annähernd mehr in ihre Probleme einfühlen.

Dazu kommt, dass auch Ute zunehmend unter Jörgs Abwesenheit leidet. Ein gemütlicher Marktbummel am Samstag, abends ein Spaziergang mit dem Hund, am Wochenende lange frühstücken – all das hat sie immer geliebt. Doch in den letzten Jahren sind gemeinsame Erlebnisse rar geworden. „Wenn Jörg mal einen Tag zu Hause ist und nicht arbeitet, heißt das ja nicht, dass er Zeit für mich und die Familie hat", erzählt Ute. „Nein, entweder schläft er dann aus oder kümmert sich um andere Dinge, die ihm wichtig sind: ein Treffen mit Freunden, ein Volleyballmatch mit der Altherrenmannschaft oder es wartet die Kasse vom Fußballverein auf ihn. Jörg hat neben seiner Arbeit noch viele Hobbys und Verpflichtungen und kümmert sich leidenschaftlich gern ums Haus. Denn er ist auch handwerklich sehr geschickt und macht am liebsten alle anfallenden kleineren Reparaturen oder Umbauten selber."

Ute weiß, dass sich etwas ändern muss. Zu oft haben sie sich in den letzten Monaten gestritten. Zu oft hat sie sich dabei ertappt, an Trennung zu denken. Sie sind sich fremd geworden. Die Familie ist gespalten. Da Jörg. Hier sie und die Kinder. Der Streit am Frühstückstisch hat ihr das wieder klargemacht.

Sie hofft auf das kommende Wochenende. Freitagabend wäre ideal für einen Familienausflug. Sie könnten zu viert in die Pizzeria gehen und endlich offen reden. Beim Abendessen in einer Restaurantstimmung spricht es sich leichter. Niemand kann einfach aufstehen, es klingelt kein Telefon. Die Familie hat Zeit zum Austausch. Jeder sagt, was er sich wünscht und was ihn stört. So macht es Jörg doch auch bei seinen vielen Brainstorming-Meetings. Warum nicht mal in der Familie.

„Ich habe oft die Erfahrung gemacht, dass sich beim Essen tolle Gespräche entwickeln", sagt sie ihrer Freundin. Ihre Idee: ihren Mann darauf hinweisen, dass etwas schiefläuft. Denn was die Kinder empfinden, sieht sie genauso. Auch ihr fehlt es, dass Jörg so selten Zeit für gemeinsame Unternehmungen hat.

Doch schon am nächsten Morgen weiß sie, dass aus ihrem Freitagplan nichts wird. Jörg hält ihr beim Frühstücken seinen Terminplan hin und sieht hektisch auf die Uhr.: „Das wird leider nichts. Sieh doch. Alles dicht!", meint er und Ute nickt.

Stimmt, er hat ja diesen Freitag Stammtisch mit seinen Kollegen. Ute hatte das vergessen. Der Samstag ist auch verplant: Da kommt ein Nachbar und zu zweit wollen sie die Garageneinfahrt pflastern, und am Sonntag wird sein Freund Rainer 40. Peng! Das Wochenende ist ausgefüllt. Für die Familie ist keine Zeit. Mal wieder nicht.

Aber da sind ja die Herbstferien. Eine Woche, die ideal wäre für eine Familienreise. Sie könnten nach Mallorca fahren. Da sind die Temperaturen noch mild. Baden im Mittelmeer. Im Sand Frisbee und Beachvolleyball spielen. Mit den Kindern eine Inselrundfahrt machen. Abends in der Ferienwohnung Monopoly spielen. Zwei Wochen, in denen Jörg den Kindern wieder näher kommen könnte. Ideal. Die Urlaubskasse ist noch gut gefüllt. Jörgs Urlaubstageskonto auch. Es könnte also losgehen.

„Wie stellst du dir das vor?", poltert Jörg am Abend gleich
los, als ihm Ute beim Kochen von ihren Reiseplänen erzählt.
„Der Regionalleiter kommt genau in der Zeit und ich habe
einen neuen Mitarbeiter, den ich einarbeiten muss. Urlaub?
Unmöglich! Ich kann mich doch nicht zerreißen. Wenn der
Chef aus Köln kommt und ich im Urlaub bin, gibt's dem-
nächst Dampf aus der Zentrale. Das ist glasklar. Das ist das
Letzte, was ich im Moment gebrauchen kann. Die Umsätze
sind sowieso schon schlecht genug. Wenn ich die Filiale vor
die Wand fahre, kann ich einpacken. Für immer. Was ich
jetzt mache, das ist vermutlich die letzte Chance. Du weißt
doch, wenn du erst Mitte vierzig bist, ist der Zug abgefahren.
Jetzt oder nie! Ich kann jedenfalls keinen Urlaub machen."
Ute weint. Aus Enttäuschung. Aber auch, weil sie sein Ton so
trifft. Früher hat Jörg wenigstens zugehört, wenn sie Sorge
um die Familie hatte. Heute wischt er ihre Bedürfnisse einfach vom Tisch.
Sie hatte sich gefreut, mal zwei Wochen wieder Familie zu
leben. Und jetzt das.
Als Franziska in die Küche kommt und die Mutter weinen
sieht, wirft sie Jörg einen wütenden Blick zu, dann zischt
sie: „Lass uns doch allein fahren, Mama!" Alexander kommt
dazu und nickt: „Super Idee. Eine Woche in ein Clubhotel. Da
gibt's jeden Tag Programm. Philip durfte zum Tauchen und
hat einen Surfkurs gemacht. Ich bin dabei."
Jörg zögert nur kurz. „Ja, macht das. Dann kommt ihr in
die Sonne", sagt er leise und seine Stimme wirkt für einen
Moment resigniert und traurig. Aber schnell ist er wieder
der Alte. „Wenn alles klappt, kann ich Euch zum Flughafen

fahren. Aber kommt nicht am 18. zurück. Du weißt ja, Ute, da kommen die Kollegen aus Dortmund. Wir planen doch im nächsten Jahr einen Austausch. Ach, da fällt mir ein, ich muss noch rasch ein Telefonat führen."

Ute hört die Sätze schon nicht mehr. Sie hat sich mit Alexander und Franziska an den Küchentisch gesetzt und baut das „Mensch-ärgere-dich-nicht"-Spiel auf. „Ich nehme Gelb", ruft Alexander und springt auf, um Getränke aus der Speisekammer zu holen.

„Sag mal, Mama", flüstert Franziska jetzt. „Ich brauche unbedingt einen neuen Bikini. Wenn du mich morgen von der Schule abholst, können wir gleich in die Stadt gehen. Was meinst du? Und wenn du pünktlich bist, zeige ich dir Tommy. Du weißt doch, der mit dem Lockenkopf aus der 10. Klasse, den ich so süß finde. Der hat mir heute eine SMS geschrieben und gefragt, ob wir abends mal ins Kino gehen wollen. Klar will ich. Aber du sollst ihn vorher sehen. Dienstags um eins hat er Französisch-Nachhilfe und steht dann immer an der Bushaltestelle. Aber sieh bloß nicht so auffällig hin."

Jörg steht plötzlich wieder in der Küche. Er holt sich ein Stück Käse aus dem Kühlschrank.

„Wer hat denn Nachhilfe in Französisch? Ich dachte, du hättest Latein?", fragt er und lehnt sich entspannt an den Kühlschrank. „Und wer ist eigentlich Tommy? Alex' neuer Freund? War nicht mal ein Philip bei uns?"

Franziska verdreht die Augen. „Ach Papa, lass doch."

„Wetten, dass du nicht mal weißt, wie meine Klassenlehrerin heißt?", murmelt Alex, während er sorgfältig die Spielsteine aufbaut. „Als sie das letzte Mal anrief, hast du gedacht, es wäre unsere Nachbarin. Peinlich!"

Jörg schämt sich. Er weiß wirklich nicht mehr viel von seinen Kindern. Was interessiert sie? Was macht ihnen Freude, was Angst? Er erinnert sich an seinen Vater, an regelmäßige Waldspaziergänge mit ihm, an Bergwanderungen und Kanutouren. Alles, was Jörg über Fauna und Flora weiß, hat er von seinem Vater gelernt. Bis zu seinem Tod vor fast 20 Jahren war er ihm immer ein wichtiger Ratgeber gewesen.

Was gibt er eigentlich seinen Kindern mit? Dass man auch etwas leisten muss, wenn man es schön haben will. Dass Disziplin zählt und es nicht wichtig ist, dass man hinfällt. Die gängigen Motivationssprüche, die er in seiner Firma während einer Vertreterschulung gehört hat und jetzt ungefiltert weitergibt. Na toll!

Nachdenklich geht Jörg aus der Küche. Ute, Franziska und Alex merken es nicht einmal. Als er im Flur steht, hört er die drei ausgelassen lachen. Das Handy klingelt. Jörg schreckt hoch. Ein Kunde ist am Apparat. Auf dem Weg zum PC fühlt er sich schlecht. Er weiß plötzlich, dass er etwas ändern muss. Sonst wird er seine Frau und die Kinder bald ganz verlieren.

Das sagt der Psychologe

Was bewirkt Jörgs Verhalten?

Nach fast 20 Jahren Ehe ist aus der gemeinsamen Zukunft ein Einzelkämpferdasein entstanden. Jörg sieht sich als einzig Verantwortlicher für die existenzielle Absicherung der Familie. Seinem Verständnis nach hat es im Verlauf der Ehe eine Teilung gegeben: seine Frau die Kindererziehung, er die finanzielle Versorgung. Sein Verhalten bewirkt bei seinen Kindern und seiner Frau einen nahezu vollständigen Vertrauensverlust, gerade auch hinsichtlich seiner Person als Vater. Seine Kinder nehmen ihn nicht mehr als liebevolle, ihnen nahestehende Bezugsperson wahr.

Was hat er falsch gemacht?

Jörg hat, aus gutem Willen heraus, die Arbeit zur alleinigen Lebensaufgabe erhoben. Sicherlich steht hier die Existenzsicherung (Haus, regelmäßige Urlaube, Ballett etc.) im Vordergrund. Darüber hat er die verbindenden emotionalen Momente, die in der Vergangenheit bestanden haben, aus den Augen verloren. Er hat den Wert seiner beruflichen Tätigkeit über den der Familie gestellt. Der tatsächliche Leistungsdruck der Arbeit und des Wettbewerbs wird damit noch intensiver empfunden, er hat noch mehr den Wunsch nach persönlicher Ruhe. In diesen Momenten sehnt er sich nur noch nach Entspannung und hat einfach keine Kraft mehr, die Familie als seine Familie zu erleben.

Wie könnte eine Lösung aussehen?

In diesem speziellen Fall ist die Erkenntnis des Vaters, dass ihm seine Familie zu entgleiten droht, der erste Schritt, im bislang gelebten, eher unverbindlichen, Miteinander etwas zu verändern. Jörg hat letztlich erkannt, dass es auch in seiner Kindheit unvergessliche, an den eigenen Vater geknüpfte, emotionale Erlebnisse gab, die er nie missen möchte. Den eigenen Vater hat er vor 20 Jahren verloren, damals ging er fast zeitgleich selber in die Rolle des Ehemannes und Vaters über. Sicherlich waren seine Bemühungen, der Familie ein Heim und Zuhause zu schaffen, in der ersten Zeit ein wichtiges Ziel. Doch viel wichtiger ist nun, dass er seine Sicht auf die emotionale Verbindung zu seiner Frau, seinen Kindern, die er zu verlieren droht, zurückgewinnt. Die Verzweiflung seiner Frau, die Ablehnung seiner Kinder, dies kann in dieser Situation zu einem Motor werden, nicht alles aufzugeben, sondern entscheidende Veränderungen durchzuführen. Als hilfreich ist hier sicherlich ganz besonders das Gespräch zu nennen, das alle Familienmitglieder wieder verbinden kann.

Tipp des Psychologen

Nicht nur Jörg geht es so. Es gibt einen Startschuss und Ehe, Familie, Beruf und Erfolg beginnen zeitgleich. Häufig sind es die Väter, die sich aus einem traditionellen Verständnis heraus als Versorger auf finanzieller Ebene erleben und im Laufe der Zeit die wichtigen emotionalen Anteile, die sie innehaben, übersehen. Viele Männer erleben sich unverstanden von der Familie, sie wollen doch „nur das Beste" für alle. Hier kommt es zu einem großen Missverständnis. „Das Beste" in einer Familie kann doch nur sein, wenn Vater und Mutter für ihre Kinder verfügbar sind und ihre eigenen emotionalen Aufgaben übernehmen. So kann es, wie in unserer Geschichte, so sein, dass die Mutter die Fahrten zum Ballett übernimmt, damit die Tochter ihren Auftritt vorbereiten kann. Aber was kann schöner und verbindlicher sein, wenn der Erfolg der Aufführung vom Applaus und Lob des Vaters zusätzlich gekrönt wird. Mutter und Vater haben dann zu einem gesunden Selbstverständnis ihrer Tochter beigetragen, die sich eingebunden in die Familie und von beiden Elternteilen gleichermaßen geliebt fühlt.

Damit es nicht zu solchen Brüchen zwischen Eltern und Kindern kommt, ist es notwendig, gemeinsame Familienzeiten zu planen und natürlich auch gemeinsam durchzuführen. Väter, wie auch Mütter, müssen gemeinsame Zeit immer zum höchsten Gut der Familie erheben. Kein Kollege, kein Sport oder Verein kann eine gemeinsame Familienaktivität ersetzen! Ein großer Jahresplaner kann hier hilfreich sein. Die Familienmitglieder sprechen in festgelegten Abständen über das Jahr „Familienzeit" ab. Feste freie Zeiten, in denen nur die Familie als Termin gilt. Nach und nach können dann Ideen für diese Termine entwickelt werden oder auch Ausweichtätigkeiten. Die Regel sollte hierbei einfach sein, mit und in der Familie zu bleiben und Termine von außen auf andere Daten zu legen. Es ist wesentlich einfacher, mal eine Ausnahme von dieser Regel zu machen, als nur Ausnahmen zu erleben, die es unmöglich erscheinen lassen, Gemeinsamkeiten zu pflegen.

Fall 2: Gernot B. (45) aus Würzburg – Familienvater:
„Ich möchte einfach mal nur lieb sein."

„Du musst heute unbedingt noch mit Florian sprechen. Er hat schon zum dritten Mal seine Schularbeiten nicht gemacht. Der Mathelehrer hat einen Brief geschrieben."

Gernot B. (45), Sparkassenangestellter aus Würzburg, ist gerade nach Hause gekommen. Es ist Donnerstagabend, 18.00 Uhr. Lisa (43), Gernots Frau, steht mit verschränkten Armen im Türrahmen und ist sichtbar aufgebracht. In der einen Hand hält sie das Schreiben der Schule.

„Hier, lies mal", sagt sie zu Gernot und hält ihm den Brief hin. „Das ist heute mit der Post gekommen. Es ist zum Verrücktwerden. Was ist bloß mit dem Jungen los? Seit ein paar Wochen ist er wie ausgewechselt. Ich habe jeden Tag nach den Schularbeiten gefragt und immer zu hören bekommen, dass er alles gemacht hat. Und jetzt das. Ich kann sagen, was ich will. Er hört nie zu und macht, was er will", schimpft Lisa kopfschüttelnd weiter.

Den ganzen Nachmittag hat die engagierte Mutter schon versucht, mit ihrem Sohn in Ruhe zu sprechen. Aber der 16-jährige Schüler hat sich die Sätze richtig aus der Nase ziehen lassen. Statt einfach sein Versäumnis zuzugeben und der Mutter den Eindruck zu vermitteln, dass sich das künftig nicht wiederholen wird, hat Florian mit Bemerkungen wie „Ich muss jetzt erst mal chillen" und „Bleib doch mal locker" die Stimmung noch weiter angeheizt.

Lisa hat das betont gleichgültige Verhalten ihres Sohnes richtig auf die Palme gebracht und sie ist mehrmals laut geworden. Erreicht hat sie damit aber nur, dass jetzt ihre Nerven blankliegen und zwischen ihr und dem Sohn Funkstille herrscht. Florian ist mit zwei Scheiben Brot in sein Zimmer gegangen und sitzt seitdem vor dem PC und signalisiert Gleichgültigkeit. Lisa hat ihn noch zweimal angesprochen. Doch Florian ist stumm geblieben.

„Ich habe mich so aufgeregt und der Junge hat mich nur gelangweilt angelächelt, ja, fast schon höhnisch. Ich bin so sauer.
Sag ihm, dass das so nicht geht. Er soll sich bei mir entschuldigen. Sonst wird er mich kennenlernen, aber richtig."
Lisas Stimme klingt jetzt ganz schrill und in ihrer Erregung
zerknüllt sie den Brief von der Schule.

„Ach Liebling, beruhige dich erst mal", sagt Gernot leise. Er
hängt schnell sein Sakko an die Garderobe und nimmt dann
seine Frau fest in den Arm, streichelt ihr liebevoll über den
Rücken. „Lass mal, ich rede mit dem Jungen", meint er sanft.
Doch Lisa kann sich nicht beruhigen. Sie windet sich aus seiner Umarmung und wettert gleich weiter.

„Mit Linda kannst du auch sprechen. Sie hat sich die Haare
blond gefärbt und sieht jetzt furchtbar billig aus. Dazu der
quietschkurze Rock. Schrecklich. So kann sie unmöglich
morgen zu Franziskas Party gehen. Ich habe ihr gesagt, dass
ich sie so nicht vor die Tür lasse. Sie hat nichts dazu gesagt,
ist auch nicht frech geworden. Aber ob sie sich an meine Vor-
gabe hält, weiß ich nicht. Sag ihr ganz klar, dass du das nicht
erlaubst. Sie soll sich ordentlich anziehen. Meine Güte, was
kommt denn jetzt noch alles?"

Lisa legt ihren Kopf an Gernots Schulter, atmet tief durch.
„Die Kinder machen mich im Moment ganz verrückt. Sie
sind wie ausgewechselt und nur auf Krawall aus. Ich hatte ab
Mittag nur Krach mit ihnen. Glaub mir, ich würde gern mit
dir tauschen und lieber zur Arbeit gehen, als mir jeden Tag
diesen Stress anzutun."

Gernot nickt. „Das kann ich mir gut vorstellen. Ich weiß auch
nicht, was los ist. Komm, ich ziehe mich jetzt erst einmal um

und dann kümmere ich mich um unsere beiden Sprösslinge. Im Moment sind sie wahre Nervensägen. Aber gemeinsam bekommen wir sie schon wieder auf Linie."

Gernot und Lisaa sind seit 17 Jahren verheiratet. Das Paar hat zwei Kinder, Florian (16) und Linda (14). Gernot ist Leiter einer kleinen Sparkassen-Filiale, Lisa, gelernte Einzelhandels-kauffrau, ist Hausfrau. Sie kümmert sich seit Florians Geburt um Haus und Garten und liebevoll um die Kindererziehung. Gernot ist ein engagierter Vater, der von Anfang an viel mit den Kindern unternommen hat. Er stellt sich bereitwillig zurück, wenn es den Kindern gut tut. So ist er sogar Trai-ner geworden, weil Florian seit seinem fünften Lebensjahr begeistert Fußball spielt. An den Wochenenden verbringen die beiden viel Zeit auf dem Sportplatz. Florian spielt und Gernot begleitet die Mannschaft als ehrenamtlicher Betreuer. Mit Linda verbindet Gernot die Liebe zur Musik. Das Mäd-chen spielt sehr gut Querflöte und Gernot besucht jedes Schulkonzert seiner Tochter. Da er selber etwas Geige spielt, proben die beiden auch regelmäßig zu Hause Musikstücke ein, die sie dann in der Familie vorspielen.

„Gernot ist ein wunderbarer Vater und Ehemann", sagt Lisa. „Neben der Arbeit gibt es für ihn nur die Familie. Sobald er zu Hause ist, kümmert er sich um die Kinder. Und das war von Anfang an so."

Und dann zeigt sie Bilder. Aneinandergereiht sind sie ein Kaleidoskop abwechslungsreicher Familienerlebnisse. Man sieht Gernot mit den Kindern beim Malen von Bildern und Basteln von Weihnachtssternen, beim Pflanzen von Obst-bäumchen im eigenen Garten und dem Tapezieren des Kinderzimmers. Es gibt Aufnahmen vom Urlaub an der Nordsee und vom Zelten am Waldesrand. Man kann die drei bei einem Segelkurs auf dem Baggersee sehen und beim Aufbau eines Flohmarktstandes. „Gernot lebt in seiner Freizeit fast nur für die beiden. Ich kenne keinen Mann, der so viel Zeit mit seinen Kindern verbringt wie er", erzählt Lisa.

Umso überraschter ist sie, dass das Verhältnis besonders zwischen Vater und Sohn seit einiger Zeit angeknackst ist. Florian verhält sich zunehmend respektlos seinem Vater gegenüber und hat sogar kürzlich angedeutet, mit dem Fußball aufzuhören oder zumindest den Verein zu wechseln, wenn sein Vater noch länger zum Training komme. Gernot ist darüber sehr enttäuscht, lässt sich das aber dem Jungen gegenüber nicht anmerken.

„Manchmal denke ich, es war alles umsonst. Statt mir zu vertrauen, zieht sich der Junge von mir zurück. Ich kann das doch nicht nur mit der Pubertät entschuldigen. Andere Väter sind doch auch in diesen schwierigen Jahren die besten Kumpel ihrer Söhne. Aber ich bin neuerdings völlig überflüssig", hat er erst kürzlich bei Lisa geklagt.

Auch Linda hat sich in Gernots Augen verändert. Bis vor ein paar Monaten strahlte sie noch übers ganze Gesicht, wenn ihr Vater abends nach Hause kam. Als Erstes wollte sie ihm immer ausführlich von ihrem Tag erzählen. Dabei hat sie nichts ausgelassen. Es gab sogar Dinge, die sie nur ihm anvertraut hat.

„Sag Mama nichts. Sie versteht das nicht!" – ein Satz, den Gernot früher oft abends am Bett der Tochter gehört hat. Das entgegengebrachte Vertrauen hat ihn einerseits stolz gemacht, andererseits aber auch bedrückt. Er hatte ein schlechtes Gewissen Lisa gegenüber. Denn immerhin war sie den ganzen Tag zu Hause und hätte das Vertrauen ihrer Tochter am meisten verdient.

Die Zuneigung seiner Tochter ging so weit, dass sie sich sogar bei ihm Rat in Liebesdingen holte. Die erste Liebe hat sie mit ihrem Vater „geteilt".

„Es gibt da einen Sebastian, Papa. Meinst du, er meint es ernst mit mir. Ich zeige dir mal, was er geschrieben hat. Hier lies mal …" Und dann hatte ihm Linda einen Liebesbrief hingehalten, den sich Gernot ganz in Ruhe durchlesen sollte.

„Was meint denn deine Mutter", hatte er damals unsicher gefragt und zur Antwort bekommen, dass er sich doch als Mann viel besser in Sebastian einfühlen könne.

„Wenn dir ein Mädchen seine Gefühle anvertraut, da kann man schon richtig stolz sein", hat er Lisa vorgeschwärmt und sich in Gedanken schon die nächsten Jahrzehnte als dauerhafter Ratgeber seiner einzigen Tochter gesehen.

Doch all das scheint jetzt Vergangenheit zu sein. Linda berichtet nur noch Belanglosigkeiten, wenn Gernot nach Hause kommt. Und von ihrer aktuelle Liebe und den Sorgen in der Schule hat sie ihm schon lange nichts mehr erzählt.

Wie auch? Denn die Familienstimmung ist neuerdings von ihren Problemen überschattet. Linda ist schlagartig mit ihrem 13. Geburtstag aufbrausend, zickig und unberechenbar geworden. Sie ist eng mit zwei Mädchen befreundet, die Gernot als absolut unpassend empfindet. Zu seiner großen Enttäuschung hat sie vor einem Jahr auch noch den Querflötenunterricht aufgegeben. Gemeinsames Spielen lehnt sie seitdem ebenfalls ab.

Gernot fühlt sich nicht mehr als heißgeliebter „Super-Daddy" mit dem riesengroßen verständnisvollen Herzen, sondern als unbegrenzt anzuzapfender Zahlvater. Denn Geld ist das Einzige, was seinen Kindern noch regelmäßig ein Gespräch wert ist. „Wenn ich etwas bezahlen soll, sind sie da. Ansonsten gehen sie ihre eigenen Wege", meint Gernot.

Mittlerweile quält ihn schon ein mulmiges Gefühl, wenn er abends nach Hause kommt. Statt fröhlicher Gespräche am Abendbrottisch und lustiger Spieleabende erwarten ihn zähflüssige Diskussionen um Schule, falsche Freunde und zu kurze Röcke. Seine Kinder empfindet er als aufsässig und häufig sogar frech. Er wehrt sich mit Bestrafungen wie Hausarrest, Taschengeldkürzungen und gestrichenen Ausflugsprogrammen. Doch eine greifbare Änderung bewirken die Maßnahmen nicht. Im Gegenteil. Gernot sieht seine kompletten Erziehungsbemühungen in einem Abwärtsstrudel. Der Ton untereinander verschärft sich. Das Miteinander wird immer verkrampfter. Es kann nicht mehr lange dauern, und dann bewegt sich zwischen Kindern und Eltern nichts mehr. Gernot spürt das, weiß aber nicht, wie er den Negativtrend aufhalten soll.

„Ich will dann mal mit Florian sprechen", sagt er zu Lisa, die jetzt den Abendbrottisch deckt. „Oder wollen wir erst essen?", will Gernot wissen. Lisa schüttelt den Kopf. „Nein, nein, geh erst zu Florian. Sag ihm deutlich, dass es so nicht weitergeht. Wenn er sich jetzt keinen Ruck gibt, bleibt er sitzen." Und während sie in der Küche das Brot schneidet, spricht sie laut aus, was ihr durch den Kopf geht. „Ich bin gespannt, was du alles noch nächste Woche auf dem Elternsprechtag zu hören bekommst. Der Junge hat nur noch Unsinn im Kopf. Du musst heute ganz energisch sagen, was er ändern muss."

Gernot nickt, leise murmelt er: „Ich möchte einfach mal nur lieb zu meinen Kindern sein." Aber Lisa hört gar nicht zu, spricht einfach weiter:

„Und sag Linda gleich, dass ihr die blonden Haare überhaupt nicht stehen. Sie sah so gut aus mit der Naturfarbe und jetzt das. Sie soll das wieder überfärben. Ich habe ihr das auch schon gesagt. Aber wichtig ist, dass du das sagst. Auf dich hört sie wenigstens."

Gernot wirkt müde, als er an Florians Zimmertür klopft.

„Weißt du", sagt er leise zu Lisa, die in der offenen Küchentür steht. „Ich dachte, es sei leichter, Kinder zu erziehen. Mittlerweile habe ich das Gefühl, als Vater versagt zu haben."

Das sagt der Psychologe

Wieso ist das Verhältnis zwischen den Kindern und Gernot abgekühlt?

Letztlich hat Gernot als Vater einen Spagat zwischen wohlwollend und verstehend einerseits, als strafender und maßregelnder Erziehungsberechtigter andererseits gemacht, der nicht klappen konnte. So wie Knecht Ruprecht hat er sowohl die Geschenke als auch die Rute dabei. Bei Kindern löst dies Ängste aus, da sie nicht einschätzen können, was sie erwartet. Die Kinder sind von vielen Geschenken in Form gemeinsamer Aktivitäten mit dem Vater überhäuft, müssen jedoch auch erkennen, dass der Vater eine Rute in Form von Strafen verteilt.

Was hat Gernot falsch gemacht?

Es stellt sich die Frage, ob Gernot wirklich etwas falsch gemacht hat oder ob er zu sehr versucht, es allen recht zu machen. Er ist einerseits nahezu komplett auf seine Kinder eingestellt, die er über alles liebt und mit denen er alle Zeit verbringt. Andererseits erlebt er die Belastung seiner Frau, die er ernst nimmt und der er ebenfalls zur Seite stehen möchte. Hier wird er zum Überbringer schlechter Nachrichten für seine Kinder, zum Sprachrohr seiner Frau, die sich in einer hilflosen Position erlebt und ihn um Hilfe bittet. Er soll Lisas Ansichten und Wertungen, die ja nicht unbedingt seine sein müssen, seinen Kindern vermitteln.

Lösungsvorschlag

Um keinen Keil zwischen die einzelnen Familienmitglieder zu treiben, sollte hier ein gemeinsames Gespräch aller stattfinden, in dem jeder seine Ansprüche und Bedürfnisse anmelden darf. In diesem Gespräch dürfen auch Sorgen der Mutter, Wünsche und Freiheitsgrade der Kinder sowie die Möglichkeiten, dies für alle erträglich unter einen Hut zu bringen, angesprochen werden.

Tipp des Psychologen

In einem Familiensystem wird es immer unterschiedlich gelagerte Bedürfnisse und Vorstellungen von Freiraum und Selbstentfaltung geben. Je älter Kinder werden, desto mehr werden diese Vorstellungen von denen der Eltern abweichen. Machen Sie kein Problem daraus! Solange die Belange und Grenzen Einzelner im Familiensystem nicht gebeugt oder gar dadurch gebrochen werden, kann es zu einer für alle ertragreichen Entwicklung kommen. Denn Widerstand bei Kindern bedeutet Wachstum der Persönlichkeit, Abnabelung und einen Schritt in das eigene selbstbestimmte Leben. Diesen Prozess durch zu heftige und enge Grenzen einzudämmen, sei es aus Angst und Sorge oder aus einer eigenen, anderen Bewertung, führt in aller Regel zu mehr Widerstand und einer oppositionellen Abkopplung, das heißt zu Trotz. Besser: Gewähren Sie Freiräume, beobachten Sie aus der Distanz und lassen Sie zu, dass Ihre Kinder sich ausprobieren, gegebenenfalls auch auf die Nase fallen.

Fall 3: Oliver S. (39) aus Cuxhaven – getrennt lebender Vater: „Es ist eine emotionale Katastrophe!"

Es ist Samstagfrüh, neun Uhr. Der Postbote klingelt bei Oliver S. (39) in Cuxhafen. Er hat ein Paket dabei mit der Aufschrift „Annahme verweigert".

Als der Programmierer das sieht, muss er schlucken. Der große kräftige Mann spürt, dass ihm die Tränen kommen. Schnell wischt er sich durchs Gesicht und murmelt ein „Dankeschön". Dann schließt er die Tür.

Das Wochenende ist für ihn gelaufen. Er legt sich aufs Sofa und will nur noch eines: allein sein und hoffen, dass der Schmerz irgendwann nachlässt. Es ist wieder so ein Tag, an dem das Leben wie ein Wirbelwind über ihn hinwegfegt und er das Gefühl hat, als würde ihm alles entgleiten. Was hat er bloß falsch gemacht?

„Das wirst du noch bereuen", zischt ihm vor drei Jahren seine Exfrau Nicole ins Gesicht und ihre Augen funkeln dabei dunkel. Er lässt damals seine Möbel aus der gemeinsamen Altbauwohnung abholen. Die Stimmung ist explosiv. Nicole ist wütend und bitter enttäuscht. Seit sie herausgefunden hat, dass Oliver eine andere Frau liebt, herrscht Eiszeit zwischen den Eheleuten. Olivers Auszug begleitet sie stumm.

Nicole und Oliver haben jung geheiratet, mit 22 Jahren. Nicole will unbedingt Sicherheit. Er lässt sich überreden. Aber eigentlich passen sie nicht zusammen. Oliver ist EDV-Spezialist und geht gern aus. Er zieht abends durch die Kneipen der Hansestadt, liebt Reisen, Touren mit dem Motorrad. Nicole ist Krankenschwester und sehr häuslich. Sie kocht gern, sieht fern, dekoriert das Haus. Viele Männer wünschen sich ein gemütliches Heim. Nicht so Oliver. Er liebt Kurzreisen an die See, Paddeltouren, Bergsteigen. Nicole mag nie mitgehen. Oliver fühlt sich jahrelang wie ausgebremst. Dann kündigt sich ein Baby an. Oliver freut sich richtig. Auch, weil er glaubt, dass ein Kind der Ehe gut täte.

„Ein Baby macht mich ruhiger", schwärmt er bei Freunden und zeigt stolz das Ultraschallbild seines winzigen Sohnes. Und so kommt es auch. Oliver ist von Anfang an ein begeisterter Vater. Er, der ständige Draufgänger, geht plötzlich in Elternzeit. Statt sich morgens im Berufsverkehr durch Hamburg zu quälen und im Büro Programme zu entwickeln, wechselt er Windeln, rührt Brei und trägt seinen Sprössling im Wickeltuch durch die Natur.

Nicole nutzt das Jahr, um ihre Umschulung zur Ergotherapeutin abzuschließen. Wenn sie abends nach Hause kommt, sitzen Oliver und Jannis sichtbar zufrieden im Wohnzimmer. „Er ist ein Traumvater", schwärmt die junge Mutter bei ihren Freundinnen und erzählt häufig, wie sehr sie sich über Olivers Wandlung zum treusorgenden Familienvater freut.

Auch die kommenden Jahre geht Oliver ganz in der Erziehung seines Sohnes auf. Er bringt ihm die ersten Klicks auf dem PC bei, übt mit ihm das Radfahren und baut mit ihm im Ostseesand die tollsten Burgen. Da Nicole nach wie vor nicht sonderlich unternehmungslustig ist, werden Oliver und Jannis ein beneidenswertes Vater-Sohn-Reisegespann. Fahrradtouren an der Elbe, Campingwochenenden am Müritzsee, Abenteuerübernachtung auf einem Hochsitz – Oliver lässt nichts aus, was einem aufgeweckten kleinen Jungen Spaß machen könnte.

Eine Familie im Glück. Beide genießen den Alltag. Im Freundeskreis gelten sie als beruflich engagierte Vorzeigeeltern, die es perfekt schaffen, sich die Kindererziehung zu teilen.

Zehn Jahre geht das so. Dann steht plötzlich Pauline (28) im Büro. Sie ist eine neue Kollegin und wirbelt Olivers Arbeitsalltag sofort durcheinander. Pauline ist blond, hübsch, fachlich kompetent und ungewöhnlich lebendig. Sie sprudelt über vor neuen Ideen und bringt mit ihrer Kreativität die ganze Firma auf Trab. Dazu teilt die junge Kollegin auch Olivers Hobbys. Sie fährt viel Fahrrad, liebt das Nachtleben und reist gern.

Oliver merkt schnell, dass sich Pauline für ihn interessiert. Sie sucht ständig seine Nähe und lädt ihn häufig in der Mittagspause zu einem Kaffee ein. Auch er fühlt sich zu ihr hingezogen. Aber er will keinen Seitensprung. Monatelang wehrt er sich gegen seine Gefühle. Doch an einem Abend, als beide allein im Büro sind, passiert es doch. Sie küssen sich und gehen danach zu Pauline. Als Oliver an dem Abend nach Hause kommt, geht er von einer zwar leidenschaftlichen, aber kurzen Affäre aus. Doch das Feuer flackert immer heftiger. Pauline wird ihm wichtig. Die eingefahrene Ehe mit Nicole ist kein ausreichendes Bollwerk gegen die großen Gefühle zu der jungen Frau. Er sucht ständig nach Gelegenheiten, sich mit Pauline zu treffen. Nicole wird misstrauisch und erwischt ihn prompt, als er statt mit Freunden mit Pauline in einem italienischen Restaurant sitzt.

Nach einer hässlichen Szene, die leider auch Jannis mitbekommt, gibt sie ihrem Mann noch eine Chance. Oliver will seine Familie retten und trennt sich von Pauline. Doch das gilt nur privat. Beruflich arbeiten sie weiter zusammen. Eine absurde Situation, die Oliver und Pauline nur ein paar Tage meistern. Dann liegen sie sich wieder in den Armen und Oliver begreift, dass er für klare Verhältnisse sorgen muss. Er trennt sich von Nicole und zieht zu Pauline in ihr kleines Apartment. Nicole ist anfangs verzweifelt. Oliver hat ein schlechtes Gewissen. Doch trotz der belastenden Situation gelingt es beiden, im Gespräch zu bleiben.

Sie versprechen sich, den Jungen aus der Trennung herauszuhalten. „Wir bleiben Eltern, das ist doch klar", sagt Oliver noch seinen Freunden. Auf die Frage, ob er keine Angst habe, den Jungen zu verlieren, schüttelt er sorglos den Kopf. „Jannis und ich, wir sind ein untrennbares Team. Nicole würde niemals daran rütteln. Und wenn, wird sie den Kürzeren ziehen und Jannis gegen sich haben."

Die Scheidung ist zu dem Zeitpunkt schon abgesprochen. Die Finanzen sind geregelt. Einen gerichtlich festgelegten Umgang wollen Nicole und Oliver nicht. Sie sind sich sicher, dass sie sich allein einigen können. Es soll keine festen Tage geben, an denen Oliver den Jungen holt, sondern sie wollen sich spontan abstimmen.

Die ersten Monate gelingt ihnen die Organisation des neuen Lebens erstaunlich gut. Jannis findet es spannend, in zwei Haushalten zu leben. Bei Oliver hat er zwar kein eigenes Zimmer und muss auf dem Sofa schlafen, aber sie unternehmen viel zu dritt, gehen ins Kino, Pizzaessen, in den Zoo und auf die Rennbahn.

Das Miteinander von Nicole und Oliver ist zu dem Zeitpunkt neutral. Aber sie schaffen es, das Abholen und Zurückbringen des Jungen rücksichtsvoll zu gestalten. Nicole bietet Oliver immer einen Kaffee an. Er nimmt gern an, nutzt die Zeit, um Jannis Zeit zu geben, sich auf die vor ihm liegende neue Situation einzustellen.

Doch nach ungefähr sechs Monaten reicht die Kaffeezeit offenbar nicht mehr. Jannis präsentiert Oliver immer wieder Ausreden, warum er nicht das ganze Wochenende bleiben kann, sondern früher zurück nach Hause muss. Später ist er an den Wochenenden zunehmend einsilbig und zeigt bei Unternehmungen deutlich, dass er keine Lust hat, etwas mitzumachen. „Typisch beginnende Pubertät", glauben die Großeltern. „Das gibt sich", meinen die Freunde. Oliver reichen die Einschätzungen. Er denkt, dass sich der Junge bald wieder fangen wird. Er selbst war ja in dem Alter auch manchmal schwierig.

Die Bombe platzt an einem verregneten Novemberfreitag 2010. „Jannis kommt nicht mit. Er will absolut nicht zu dir", erzählt Nicole, als Oliver zum abgesprochenen Termin vor der Tür steht. Er will mit Jannis reden. Doch der verbarrikadiert sich in seinem Kinderzimmer. Oliver ist geschockt.

„Ich stand vor der Tür wie ein dummer Junge. Wenn man in einer gemeinsamen Wohnung lebt, sind solche Konflikte mit den Kindern schnell vergessen. Aber ich gehe ja aus dem Haus und weiß nicht, wann ich wiederkommen kann. Das ändert alles."

Oliver ist von der Situation komplett überfordert. Er will keinen Druck ausüben.

„Ich lasse dich einfach mal in Ruhe und melde mich nächstes Wochenende wieder", sagt er durch die geschlossene Zimmertür und lässt sich nicht anmerken, wie sehr ihn das Verhalten des Jungen beunruhigt.

Rückblickend glaubt Oliver, dass dieser Satz sein größter Fehler war. „Ich glaube, wenn ich damals eine Aussprache versucht hätte, wäre ich noch an ihn herangekommen."

Aber Oliver geht. Abends diskutiert er lange mit Pauline darüber, ob er irgendetwas falsch gemacht hätte. Beiden fällt nichts ein.

„Vielleicht hat Nicole den Jungen aufgewiegelt", glaubt Olivers bester Freund. „Sie ist bestimmt eifersüchtig auf die junge Freundin und weiß genau, wie sie dir eins verpassen kann. Sie weiß doch, wie sehr du an dem Jungen hängst."

Oliver wischt den Verdacht sofort beiseite. „Niemals spielt sie mich gegen den Jungen aus. Sie liebt Jannis und will nicht, dass er traurig ist."

Doch in den folgenden Tagen wächst in Oliver der Zweifel. Kann es sein, dass seine Frau dem Jungen Lügengeschichten erzählt? Ist es denkbar, dass sie ein doppeltes Spiel mit ihm spielt? Er will mit Nicole offen über seine Zweifel reden. Doch die lässt ihn abblitzen. „Ich habe Jannis gefragt, warum er nicht zu dir wollte. Er mag deine Pauline nicht. Wenn er schon zu dir geht, möchte er mit dir zusammen sein und nicht mit deiner Freundin. Es wäre hilfreich, wenn du erst einmal bei dir nachsiehst, bevor du mir etwas anhängen willst."

Pauline ist schuld? Oliver kann das nicht glauben. Jannis schien sich immer gut mit Pauline zu verstehen. Aber er macht sich jetzt Vorwürfe. Hat er sich im Rausch der ersten Liebe zu wenig um seinen Sohn gekümmert? Pauline wollte abends immer ausgehen. War es ein Fehler, sich von ihr überreden zu lassen, den Jungen allein zu lassen? Oliver beginnt, Pauline für die Probleme mit seinem Sohn verantwortlich zu machen. Es gibt Streit. Im Frühling 2011 zerbricht die Beziehung. Oliver sucht sich eine neue Arbeit. Er will das Thema komplett abschließen.

Oliver ist zu dem Zeitpunkt zwar traurig, aber auch erleichtert. Er hofft, dass sich jetzt wieder das Verhältnis zu seinem Sohn kitten lässt.

Er schreibt ihm SMS aufs Handy, jede Menge Mails und zu guter Letzt auch zwei lange Briefe. Doch alles bleibt unbeantwortet.

„Ich fühle mich richtig abserviert und weiß nicht einmal, warum", klagt der abgeschobene Vater. Mehrmals fragt er Nicole, wie sie sich die für ihn plötzlich aufgetretene massive Ablehnung erklärt. Jetzt, wo Pauline nicht mehr da ist, könne sich Jannis doch wieder mit seinem Vater treffen.

Nicole verspricht, einer Versöhnung nicht im Wege zu stehen. Oliver solle dem Jungen Zeit lassen, sich aber weiter um den Kontakt bemühen. Doch alles bleibt erfolglos.

Wenn Oliver in die Wohnung kommt, schließt sich Jannis sofort ein. Wenn er vor der Schule auf seinen Sohn wartet, geht der durch den Hintereingang heraus.

„Er will mich absolut nicht sehen. Als er mir zufällig in der Stadt entgegenkam, ist er sofort ins nächste Geschäft gestürmt und ich konnte ihn nicht mehr finden. Mein Kind flüchtet vor mir. Ich kann gar nicht sagen, wie weh das tut. Es ist eine emotionale Katastrophe."

Oliver hat Jannis das letzte Mal im Sommer 2011 gesprochen. Er ruft ihn aber nach wie vor jeden Freitag an und spricht ihm eine Einladung auf die Mailbox. Zudem schreibt er ihm immer wieder Ausflugstipps. Er schickt ihm eine Konzertkarte und stellt ihm einen hochwertigen Rucksack mit Gutschein für eine Wandertour in den Flur. Aber nur Nicole reagiert darauf und bedankt sich höflich in Jannis Namen für die Geschenke.

Zum Geburtstag hat Oliver seinem Sohn ein neues PC-Spiel gekauft, dazu ein Paar Tennisschuhe und eine Sportjacke. Liebevoll ausgesuchte Geschenke, von denen er weiß, dass Jannis sich darüber freut. Aber er hat das Paket nicht einmal angenommen.

„Ich weiß nicht mehr, was ich machen soll", sagt Oliver später seinem Freund. „Der Junge ist alles für mich und lässt mich immer wieder abblitzen. Das tut so weh. Ich gehe daran kaputt."

Dazu leidet Oliver unter der Unsicherheit. Er weiß nicht, ob Nicole sich wirklich wohlwollend verhält. Der Satz „Du wirst das noch bereuen" geht ihm in letzter Zeit immer wieder durch den Kopf. Vielleicht instrumentalisiert sie das Kind, um damit den abtrünnigen Ehemann zu strafen? Vielleicht hat er aber auch seinen Sohn mit dem Auszug so verletzt, dass er ihn nicht innerlich ablehnt? Oder Jannis nimmt es ihm unterbewusst übel, dass er die Mutter gegen eine Jüngere ausgetauscht hat?

Oliver würde viel darum geben, wenn Jannis ihm wenigstens sagen würde, warum er ihn aus dem Leben gekickt hat. „Die Unsicherheit lässt mich ständig grübeln. Manchmal glaube ich, der Kopf fliegt mir weg."

Olivers Leben ist durch Jannis' abweisendes Verhalten aus den Fugen geraten. Er wohnt allein, fühlt sich oft sehr einsam. Eine neue Liebe mag er nicht eingehen. Er hat Angst, sich mit einer Partnerschaft auch die Möglichkeit zu nehmen, wieder mit seinem Sohn zusammensein zu können.

„Der Junge ist mein Ein und Alles. Ich habe Angst, ohne ihn weiterleben zu müssen. Ich fühle mich wie ein geprügelter Hund, mache mir zeitgleich schlimme Schuldvorwürfe. Meine Seele ist ein Trümmerfeld."

Das sagt der Psychologe

Was könnte der Hintergrund für die Ablehnung des Jungen sein? In den ersten Lebensjahren hat sich Oliver hauptsächlich um den Jungen gekümmert. Jannis ist mit dem Gefühl aufgewachsen, die Hauptperson für seinen Vater zu sein. Für ihn gelernte Normalität, für Oliver aber möglicherweise eine Konsequenz aus einer Ehe, die ihn nicht ganz erfüllte. Weil er mit Nicole so wenig gemeinsam hatte, hat er sich auf seinen Sohn konzentriert. Daran hat sich Jannis gewöhnt und eine enge vertrauensvolle Bindung zu seinem Vater aufgebaut. Für Jannis war es daher sicherlich nicht nachvollziehbar, dass seinem Vater dennoch etwas gefehlt hat. Er ist enttäuscht, denn sein Vater hat ihn verlassen und sozusagen gegen eine andere Frau ausgetauscht. Eigentlich ist das seiner Mutter passiert, er empfindet es aber nicht so. Dass das eigentlich seiner Mutter passiert ist, empfindet er nicht so, weil er mehr Partner seines Vaters war als die Mutter und er seine Eltern kaum als Paar erlebt hat. Nun gibt es diese neue Frau, mit der Jannis seinen Vater teilen soll, derentwegen der Vater gegangen ist. Obwohl sich Jannis zunächst auf die neue Situation einlässt, merkt er mit der Zeit, dass er sich nicht wohl dabei fühlt. Er war es gewohnt, die Nummer eins zu sein, jetzt ist da Pauline und Jannis hat nicht mal ein eigenes Zimmer oder eine feste Zeit beim Papa. Erklären kann er aber nicht, wie es ihm geht. Stattdessen vermeidet er den Kontakt mit Oliver.

Was macht Oliver falsch?

Oliver war die Hauptbezugsperson für Jannis, er war sich der Bindung zu seinem Sohn sehr sicher, doch vermutlich hat er Jannis zu tief enttäuscht. Dass Oliver sich neu verliebt hat, steht ihm zu, doch Jannis war es gewohnt, für seinen Vater im Mittelpunkt zu stehen. Daher hätte Oliver vorsichtiger vorgehen, die Wochenenden zunächst allein mit seinem Sohn verbringen und die neue Freundin erst langsam dazu nehmen sollen. Ein eigenes Zimmer hätte Jannis gezeigt, dass er seinem Vater weiterhin wichtig ist, möglicherweise auch eine feste Besuchsregelung, auf die sich Jannis besser hätte einstellen können.

Oliver und Nicole haben sich Mühe gegeben und vieles richtig gemacht, dennoch war Jannis offensichtlich mit der Trennung seiner Eltern überfordert. Leider haben seine Eltern das zunächst nicht bemerkt, weil sie zu sehr mit ihren eigenen Gefühlen beschäftigt waren. Als „guter Sohn" hat Jannis zunächst seinem Vater zuliebe mitgespielt, konnte es dann aber nicht mehr aushalten und hat die Treffen, die für ihn mit Enttäuschung und Schmerz verbunden waren, mehr und mehr vermieden.

Wie könnte eine Lösung aussehen?

Vermeidung ist nie eine gute Lösung, sondern verschlimmert das Problem in der Regel noch. Je länger sie anhält, um so schwieriger ist es, sie zu überwinden. Jannis liebt seinen Vater mit Sicherheit sehr, deshalb hat er Angst vor Schmerz und verzichtet lieber auf auf seinen Vater, als sich mit ihm auseinanderzusetzen. Er bestraft sich sogar selbst, wenn er z. B. Geschenke des Vaters zurückschickt.

Eine Lösung kann nur über lange und ehrliche Gespräche erfolgen. Hier könnte Nicole hilfreich sein, die ja mit dem Jungen lebt. Vielleicht gönnt sie aber Oliver die Strafe und hält sich zurück? Jannis braucht Hilfe, er schafft es nicht allein. Sicherlich kann er sich sein Verhalten selbst nicht erklären, versteht seine Gefühle nicht. Ob Nicole das leisten kann und auch dazu bereit ist, ist fraglich. Vielleicht wäre hier professionelle Hilfe ratsam.

Jannis muss die Trennung und den Verlust seines Vaters verarbeiten und dabei Schmerz und Trauer bewältigen. Erst danach kann eine Annäherung mit Oliver erfolgen. Diesmal behutsam und so, dass Jannis ehrlich sagt, was ihm gefällt und was nicht. Einer neuen Partnerin für Oliver steht nichts im Wege, er sollte Jannis nur nicht das Gefühl geben, dass diese wichtiger ist als er.

Tipp des Psychologen

Über ihre eigenen heftigen Gefühle im Rahmen einer Trennung vergessen Eltern häufig die Gefühle ihrer Kinder. Auch wenn sie das Beste für die Kinder wollen und versuchen, sind die Eltern verständlicherweise sehr mit sich selbst beschäftigt, ihren eigenen Gefühlen, Sorgen, der Organisation eines neuen Lebens. Kinder spüren unbewusst die Belastung der Eltern und halten sich manchmal selbst zurück, um die Eltern nicht noch zusätzlich zu belasten.

Fall 4: Andreas U. (44) aus Uslar – getrennt lebender Vater:
„Ich fühle mich zerrieben!"

„Es gibt Tage, da möchte ich am liebsten ins nächste Flugzeug steigen und abhauen. Dann bin ich erschöpft, kaputt, ausgebrannt. Ich kämpfe einfach an zu vielen Fronten", sagt Andreas U. (44). Der selbstständige Softwareentwickler aus Uslar wirkt resigniert. „Mein Leben besteht nur noch aus Widrigkeiten. Ich fühle mich körperlich und seelisch komplett ausgelaugt."

Vor vier Jahren steht Andreas noch auf der Sonnenseite des Lebens. Er wohnt mit seiner sechs Jahre jüngeren Frau Ulrike und den Kindern Carla (heute 14) und Mathilda (heute 12) in einem hübschen Haus am Rande Uslars. In der Innenstadt betreibt er ein gut gehendes IT-Geschäft.

Andreas ist ein liebevoller Vater und kümmert sich trotz seines anstrengenden Arbeitsalltages als junger Unternehmer von Anfang an aufmerksam um die Mädchen. Er gibt sogar sein Hobby Segelfliegen auf, um sich in seiner wenigen Freizeit ganz der Familie zu widmen. Ulrike arbeitet stundenweise als Buchhalterin von zu Hause aus.

Vor zwei Jahren verliebt sie sich in einen Kunden. Sie will Andreas nicht hintergehen und beichtet ihm schnell, dass es einen anderen Mann in ihrem Herzen gibt. Ulrike möchte Zeit, um die Gefühle neben der Ehe und Familie ausleben zu können. Da spielt Andreas nicht mit. Er ist von Ulrikes Verhalten bitter enttäuscht und will die Trennung. Traurig und sehr mitgenommen zieht er in eine kleine Dreizimmerwohnung am Stadtrand.

Carla und Mathilda bleiben bei der Mutter im ehemals ehelichen Haus. Mithilfe der Unterstützung ihrer Eltern kann Ulrike sich das Haus allein leisten. Bei der Trennung versprechen sich Ulrike und Andreas, weiterhin gute Eltern zu bleiben.

Den Umgang legen sie auf jedes zweite Wochenende fest. Ulrike legt Wert auf die Einhaltung, um auch Zeit für ihre neue Partnerschaft zu haben. Andreas richtet für beide Mädchen in seiner neuen Wohnung ein Kinderzimmer ein und holt sie pünktlich jede zweite Woche zu Hause ab. Drei Monate geht das gut. Dann verdunkelt sich die Stimmung, weil Andreas mitbekommt, dass Ulrikes neuer Freund Ulf, ein Assistenzarzt, in das Haus zu seiner Nochehefrau zieht.

„Als ich am Freitag meine Mädchen abholte, bat mich Ulrike wie immer ins Haus. Im Wohnzimmer stellte sie mir dann Ulf vor. Ich war total perplex. Der Kerl in unserem Wohnzimmer, mit unseren Möbel und unseren Kindern. Es war, als hätte man mich aus meinem eigenen Leben einfach herausgeschnitten und einen anderen Mann eingefügt. Klar habe ich versucht, meine Überraschung und Enttäuschung zu überspielen. Aber es ist mir bestimmt nicht gut gelungen."

In den nächsten Monaten wird Ulf für Andreas immer mehr zum roten Tuch. Obwohl er ihm nichts Negatives vorwerfen kann. Der Mediziner geht sehr liebevoll und einfühlsam mit den Mädchen um. Er bringt sie zum Reiten, kutschiert sie zu ihren Freundinnen und steht sogar mit ihnen auf dem Tennisplatz. Andreas' Freunde sagen ihm alle, dass er sich doch freuen solle. Es ist sei doch bestens, wenn sich der Stiefvater kümmere. Aber Andreas kann sich partout nicht freuen.

„Ich bin einfach eifersüchtig", sagt er offen und erzählt, dass es ihn furchtbar trifft, wenn er seine Töchter mit Ulf im Eiscafé sitzen sieht oder sie zu dritt auf dem Markt beim Einkaufen trifft.

„Es versetzt mir jedes Mal einen Stich ins Herz. Es sind doch meine Töchter und ich bin ihr Vater. Das sind alles Dinge, die ich mit ihnen machen möchte. Aber ich bin ja ausrangiert worden wie ein altes Möbelstück. Da taucht dieser Herr Doktor auf, verdreht meiner Ulrike den Kopf und spielt sich dann auch noch als Vater auf. Mir wird übel, wenn ich nur daran denke, wie er sich in meinem Zuhause breitmacht.

Er lebt meinen Alltag. Er frühstückt mit meiner Familie, sitzt abends mit meinen Kindern im Garten und hört sich vermutlich noch ihre Sorgen an, um später mit meiner Frau ins Bett zu gehen. Und ich? Was ist mir geblieben? Ich darf gerade mal vier Tage im Monat meine Kinder sehen. Das ist doch nicht normal. Ich habe doch meine Familie nicht zertrümmert. Es war doch dieser Ulf, der alles zerstört hat. Ich möchte nicht wissen, wie er sich bei meiner Ulrike eingeschleimt hat."

Wenn Andreas von Ulf spricht, ballt er die Fäuste in der Tasche. Er empfindet ihn nicht nur als Rivalen, nein, in seinen Augen hat dieser Ulf sein Leben zerstört. Doch Andreas ist trotz seines Grolls auch klug. Er weiß, dass er gute Miene zum bösen Spiel machen muss. Sonst schadet er seinen Kindern und das will er auf keinen Fall. Also lässt er sich nach außen hin seinen Kummer und seine Unzufriedenheit nicht anmerken.

Er spricht im Beisein der Mädchen nur positiv über Ulf und lobt ihn auch. Aber er merkt im Laufe der Monate deutlich, dass Ulf ihm in Vertrautheit und Nähe bei seinen Kindern den Rang abläuft. Er ist immer da, er bekommt jede Verstimmung mit und er hört jede gute Nachricht zuerst. Andreas will das nicht hinnehmen.

Er will kein Vater zweiter Klasse sein. Also telefoniert er täglich mit seinen Töchtern, fragt nach Klassenarbeiten und Streitereien mit Freundinnen, erkundigt sich nach Modetrends und Hobbys. Alles nur, um seinen Kindern nah zu bleiben und ihre Seelen zu verstehen.

„Aber ich fühle mich immer in Konkurrenz zu Ulf und habe das Gefühl, er ist mir immer eine Nasenlänge voraus. Ich sehe es sportlich und hoffe, ihn doch noch auszustechen. Immerhin bin ich der Vater. Und das wiegt doch auch schwer in der Waagschale."

Die Situation eskaliert vor einem Jahr. Damals will Ulrike plötzlich mehr Unterhalt. Andreas hat zwar immer regelmäßig gezahlt. In Ulrikes Augen aber nicht genug. Sie glaubt, dass er die Zahlen in seinem Betrieb zuungunsten der Kinder schönt, und verlangt eine Offenlegung. Als Andreas das ablehnt, schaltet sie sofort einen Anwalt ein. Die Fronten verhärten sich. Als Andreas die Kinder holt, gibt es keine nette Begrüßung mehr, sondern nur noch ein kühles Hallo.

Das einst liebende Paar, die Eltern von zwei süßen Mädchen, jetzt sind die beiden Gegner, die vor Gericht erbittert miteinander um Geld streiten. Andreas leidet darunter.

Allerdings versuchen sowohl Ulrike als auch Andreas die Kinder aus dem gerichtlichen Konflikt herauszuhalten. „Das hat mir meine Nochehefrau zwar kühl, aber doch glaubhaft bei einer unserer Begegnungen versichert", sagt Andreas.

Doch wird er trotz aller Zusicherungen das Gefühl nicht los, dass die Kinder seine Lebensverhältnisse ausspionieren sollen. „Plötzlich erkundigen sich die Mädchen danach, was mein neues Sofa gekostet hat, und fragen, warum ich mir so eine luxuriös aussehende Mikrowelle in der Küche gekauft habe. Klar werde ich da misstrauisch. Auf mich wirkt das einstudiert. Ich bin seitdem nicht mehr wirklich offen zu meinen Kindern und erzähle ihnen vieles nicht mehr. Von dem Wochenendausflug mit Kollegen an die See habe ich bewusst nicht berichtet und die Tüte mit zwei neuen Anzügen habe ich im Schrank versteckt. Sicher ist sicher!"

Der Kampf um Unterhalt, die Konkurrenzsituation mit Ulf, die Sorge, seinen Kindern nicht mehr nahe genug zu sein, Andreas setzt sein Leben als Wochenendvater zunehmend zu. Dazu kommt, dass er sich als Single nicht wohlfühlt. Sein ganzes Leben fokussierte sich in letzter Zeit auf vier Tage im Monat, an denen er die Mädchen sieht, und die Ferienzeit, in der er regelmäßig ein paar Tage mit ihnen an die See fährt.

Aber Andreas möchte wieder ein anderes Leben, so wie früher in einer Partnerschaft leben. Doch beruflich eingespannt, wie er ist, hat er nur wenig Chancen, eine Frau kennenzulernen. Was bleibt, ist das Internet. Über eine Partnerschaftsbörse lernt er schließlich die 40-jährige Bankangestellte Viola kennen. Die attraktive Frau ist geschieden und frei für eine neue Liebe. Es passt perfekt. Auch mit Andreas' Töchtern versteht sie sich gut. Viola hat keine eigenen Kinder und freut sich darauf, bei den beiden Mädchen ein bisschen die Mutterrolle auszuleben.

An den Vaterwochenenden unternehmen sie viel zusammen. Sie gehen zusammen shoppen, ins Kino, zum Schwimmen. Viola kocht auch mal für alle oder es gibt Spieleabende. „Alles war wirklich super harmonisch. So lange, bis Viola bei mir einzog. Plötzlich gab's Stress", erinnert sich Andreas.

Viola, die sich früher immer mal wieder in ihre eigene Wohnung zurückgezogen hat, beklagt jetzt, dass ihr die nötige Ruhe fehle. Zwei Wochenenden mit einem Rundherum-Kinder-Programm seien ihr zu viel im Monat. Sie brauche auch Zeit zum Kraftsammeln.

Sie schlägt Andreas einen Kompromiss vor: Die Mädchen könnten doch nicht schon am Freitag kommen, sondern erst am Samstag. Dann hätte sie noch einen freien Abend für sich. Als Andreas das ablehnt, herrscht dicke Luft. Das merken am Wochenende die Mädchen und schießen sofort gegen Viola.

„Das Wochenende zu viert war plötzlich verkrampft. Die Mädchen maulten Viola an, die wollte sofort, dass ich ihnen die Meinung sage. Als ich das nicht machte, fuhr sie zu ihrer Mutter. Peng! Das war's mit der heilen Patchworkfamilie."

Von jetzt ab wollen die Kinder nur noch kommen, wenn Viola weg ist. Die ist gekränkt und reagiert stur. Sie will sich erst wieder einbringen, wenn Andreas ganz klar Partei für seine Freundin ergreift. Der Familienvater ist zwischen allen Stühlen gelandet und weiß sich nicht mehr zu helfen.

„Es ist schlimm, wenn man gefühlsmäßig hin- und hergerissen ist. Klar liebe ich Viola, aber meine Kinder gehen mir über alles. Ich lasse nicht zu, dass sie sich nicht mehr bei mir wohlfühlen."

Was nun?

Andreas und Viola finden einen Kompromiss. An den Wochenenden, an denen die Mädchen kommen, schläft Viola eine Nacht bei ihrer Mutter. Ihre Begründung ist klar: Sie braucht mehr Ruhe. Andreas solle es positiv sehen. Dadurch hätten Vater und Kinder auch Zeit für sich. So weit, so gut. Nur dass die Mädchen es jetzt lieber hätten, wenn es Viola gar nicht mehr gäbe. Nach der Freude, eine neue Frau kennenzulernen, kam für sie schnell die Ernüchterung. Plötzlich hat der Vater nicht mehr nur Zeit für sie, sondern kümmert sich auch um die neue Partnerin.

„Ich mag es nicht, meinen Papa mit einer anderen Frau zu sehen. Das tut mir weh", sagt Mathilda offen. „In seinen Armen sehe ich immer nur die Mama."

Warum sie das nicht bei ihrer Mama stört, wenn sie die mit Ulf sieht, kann Mathilda schnell beantworten. „Das haben wir von Anfang an so gesehen. Aber Papa war ja fast ein Jahr allein mit uns. Da haben wir uns daran gewöhnt, ihn für uns zu haben."

Natürlich sind die Mädchen einsichtig, wenn Andreas erzählt, dass er nur vier Tage mit ihnen zusammen ist, aber 27 Tage allein und er sich deshalb nach einer Partnerin sehnt. Aber lange hält die Einsicht nicht an. Sowie Andreas mal etwas verbietet oder Viola etwas strenger ist, legen die beiden bühnenreife Auftritte hin, weinen und schluchzen. Andreas sieht es recht klar: Eigentlich wollen sie Viola loswerden.

Die Angst, die Kinder ganz zu verlieren, der Krach um die Unterhaltszahlungen und ein schwelender Dauerzoff mit der neuen Freundin – Andreas setzen seine privaten Belastungen ganz schön zu.

„Durch die Trennung ist alles so kompliziert geworden. Früher gab es Vater-Mutter-Kinder und man wusste, wie man irgendwie klarkommt. Jetzt gibt es zu viele Mitspieler und zu viele verletzte Gefühle. Alle werfen allen etwas vor und ich bin immer mittendrin. Ich fühle, dass ich zwischen den Fronten zerrieben werde, und weiß nicht mehr, wie ich mich verhalten soll.

Das sagt der Psychologe

Was läuft schief bei Andreas?

Andreas versucht, es allen Beteiligten recht zu machen. Dabei stellt er seine eigenen Bedürfnisse hinten an, geht in eine Art Machtkampf mit dem neuen Partner der Mutter und zudem mit seinen Kindern, als es um seine neue Partnerin geht. Dass er zuerst seine Hobbys aufgibt, sieht auf den ersten Blick sehr rücksichtsvoll aus. Letztlich hat es dazu geführt, dass er nach der Trennung keinen ihm wichtigen sozialen Kontakt mehr hatte und Dinge, die ihn belasteten, mit sich allein abmachen musste. Seine Nochfrau hat zu diesem Zeitpunkt mit ihrem neuen Partner schon eine Zukunftsperspektive und von Anfang an Wert auf freie Zeit, ohne Kinder, für ihre neu beginnende Partnerschaft gelegt. Andreas hingegen „kämpft" gegen den neuen Partner, für seine Kinder und vielleicht sogar dafür, dass alles wieder so wird, wie es mal war. Darüber hat er aus den Augen verloren, dass es für ihn und seine Kinder anders als vorher weitergehen sollte.

Was hilft ihm?

Im Moment hat er wenig, das ihm Halt gibt. Viola hat sich auf ihn eingelassen, möchte ihre Zukunft gemeinsam mit ihm gestalten. Doch auch jetzt versucht Andreas eher, es wieder allen so gut wie möglich recht zu machen. Und das geht in keinem Fall gut. Helfen kann ihm, sich gemeinsam mit Viola auf eine Perspektive einzulassen, gemeinsame Planungen und Ziele zu erarbeiten und vor allen Dingen die Kinder nicht um jeden Preis über eigene Bedürfnisse zu erheben. Ein unzufriedener Vater tut seinen Kindern nicht gut, sondern sorgt eher dafür, dass alle Beteiligten unzufrieden sind. Hilfreich erscheint, dass Viola trotz des entstandenen Konfliktes an einer Lösung arbeitet und sich nicht von ihm abwendet. Dies sollte er erkennen und sein „Ich-mache-es-allen-recht"-Verhalten aufgeben.

Wie könnte eine Lösung aussehen?

Letztlich kann hier ein Gespräch mit den Mädchen im Vorfeld Klarheit hinsichtlich der Bedürfnisse des Vaters bringen. Es hat offensichtlich so lange geklappt, wie Konflikte durch gutes „Funktionieren" verdeckt waren. Nun sind sowohl die Emotionen der Mädchen („Ich mag es nicht, meinen Papa mit einer anderen Frau zu sehen") mit denen des Vaters aufeinandergetroffen. Die Mädchen sind in einem Alter, indem sie empathisch erfassen können, was ihrem Vater, den sie sehr lieben, wichtig ist. Ist zwischen Vater und Töchtern eine Basis geschaffen, sollte auch Viola mit in das Gespräch einbezogen werden. Wichtig ist, dass alle sich in einem klärenden Gespräch wieder finden und gemeinsam eine akzeptable Lösung erarbeitet wird für die Zukunft.

Tipp des Psychologen

Leider ist in vielen Fällen eine Selbstaufgabe in einer Familie oder Partnerschaft mit viel Leid verbunden, wenn dieses Lebenssystem zerbricht. Eine gesunde Partnerschaft braucht die Akzeptanz der Grenzen des Partners/der Partnerin, aber auch die Grenzen im Hinblick auf eigene Interessen. In unserem Fall hat Andreas sich aus seiner Sicht aufgeopfert und ist trotzdem oder auch gerade deswegen enttäuscht worden. Die Hoffnung, alles werde wieder, wie es einmal war, wird in vielen Fällen nicht erfüllt. Der Entschluss, eine Partnerschaft zu beenden und in einer anderen Konstellation weiterzuführen, geschieht nicht spontan, sondern ist häufig die logische Konsequenz eines Entscheidungsfindungsprozesses. Hat sich, in unserem Fall, die Partnerin für eine andersgeartete Zukunft mit einem neuen Partner entschieden, sollte spätestens jetzt der verbliebene Partner für sich ebenfalls über neue Wege nachdenken. Wichtig ist auf jeden Fall eine weiterhin gute Beziehung zu den Kindern, die auch eine solche Situation gut verkraften werden. Nur wenn beide Elternteile sich in ihren neuen Beziehungen oder Lebenssituationen zufrieden wiederfinden, werden auch die Kinder von dieser Zufriedenheit profitieren.

Fall 5: Bernd H. (52) aus München – sozialer Vater:
„Es gibt Tage, da bin ich eifersüchtig auf alle!"

„Morgen ist Elternsprechtag. Kannst du nicht mal mit meinem Mathelehrer sprechen", fragt Fabian (16) beim Frühstück und nippt an seinem ersten Kaffee. „Du Bernd, der haut mir eine Fünf nach der anderen rein und lässt mich ständig nachsitzen. Du musst mal mit ihm reden."

Bernd hätte große Lust, mit Fabians Mathelehrer zu sprechen. Aber er darf es nicht. Denn der 16-jährige Fabian ist nicht sein leiblicher Sohn, sondern nur sein Stiefsohn.

„Du weißt doch, dass man mir in der Schule keine Auskunft geben darf. Das ist Sache deiner Eltern", meint Bernd und ärgert sich innerlich maßlos, dass er dem in seinen Augen zu laschen Lehrer nicht mal auf die Füße treten darf. Denn sein Stiefsohn Fabian hat in letzter Zeit zu viel Unsinn im Kopf und braucht mehr Kontrolle. In Bernds Augen müssten Lehrer und Eltern jetzt eng zusammenstehen. Aber genau da liegt das Problem. Die Erwachsenen ziehen nicht an einem Strang. Jeder von ihnen hat Angst, sich bei dem Jungen durchzusetzen, er könnte ja seine Zuneigung und Liebe verlieren.

Bernd B. ist Rechtsanwalt und lebt in München. Dort hat er sich eine kleine Kanzlei für Patentrecht aufgebaut. Er ist seit zehn Jahren geschieden und hat aus der Ehe einen erwachsenen Sohn, der seit einiger Zeit als Investmentbanker in den USA lebt. Das Verhältnis zu ihm bezeichnet Bernd als „ausgezeichnet".

Seit acht Jahren lebt der Jurist mit der Grafikerin Ute (46) und deren Sohn Fabian zusammen. Vor sechs Jahren haben sie geheiratet. Ute teilt sich das Sorgerecht für Fabian mit ihrem Exmann Werner, einem 50-jährigen Ingenieur. Das Verhältnis der Eheleute ist neutral. Aber alles, was den Jungen betrifft, versuchen sie einvernehmlich zu regeln.

„Morgen ist Elternsprechtag. Werner und ich treffen uns um 17 Uhr an der Schule", erzählt Ute am Abend, während sie im Esszimmer den Tisch deckt. „Fabian kommt direkt vom Gitarrenunterricht zu uns. Ich bin wirklich gespannt, was wir in der Schule zu hören bekommen. Fabian druckste in letzter Zeit so oft herum. Ich habe Zweifel, ob alles gut läuft. Ich bin gespannt, ob Werner wieder mir die Schuld gibt, wenn Fabian in der Schule Probleme bekommt. So war es schon früher. Er ließ es sich im Ausland gut gehen und ich war in seinen Augen die dumme Mutter, die nichts richtig machte. Aber egal. Jetzt in der Oberstufe muss Fabian gute Leistung bringen. Es zählt jeder Punkt fürs Abitur. Wenn er wirklich Jura studieren will, muss er leistungsmäßig noch anziehen", so Ute.

Für Bernd sind Utes Sätze ein Stich ins Herz. Er sieht sehr deutlich, dass der Junge gerade seine Chancen auf ein gutes Abitur verspielt. Zu gern würde er morgen mit Ute und Fabian in die Schule gehen und sich erzählen lassen, was dort falsch läuft. Denn noch ist es Zeit, „das Ruder herumzureißen", wie Bernd gern sagt. Aber nicht er vertritt die Familie, sondern Werner. Und das, obwohl er den Jungen nicht annähernd so gut kennt wie Bernd. „Es gibt Tage, da bin ich eifersüchtig auf alle", gibt er zu.

Fabian ist dem gemütlich aussehenden Juristen sehr ans Herz gewachsen. Ja, mehr noch, Bernd kann mit gutem Gewissen sagen, dass er ihn liebt wie seinen eigenen Sohn. Deshalb möchte er ihn auch mit großem Engagement „ins Leben" führen. Aber seitdem Fabian in der Pubertät ist und Grenzen austesten möchte, fühlt sich Bernd oft hilflos, ja regelrecht ausgebremst. Denn zwei Dinge behindern ihn. Er ist erstens nicht der Vater und damit rechtlich faktisch machtlos und zweitens kann er sich nicht gegen den leiblichen Vater stellen. Das würde das ganze Beziehungsgeflecht durcheinanderwirbeln und vielleicht sogar seine neue kleine Familie zerstören. Das Risiko will und kann Bernd nicht eingehen. Dafür hat er sich zu viel aufgebaut.

Fabian ist sieben, als Bernd ihm zum ersten Mal begegnet. „Es war lustig. Er hatte eine Zwille in der Hand und mich im Garten mit Kirschkernen beschossen. Ute war das furchtbar peinlich. Aber ich habe nur gelacht und gefragt, ob er mir zeigen könne, wie man so weit Kirschkerne schießen kann."

Das Eis ist gebrochen. Fabian und Bernd sind auf Anhieb ein Herz und eine Seele. Als Ute ihren Sohn sechs Monate später fragt, wie er es denn fände, wenn Bernd zu ihnen ziehen würde, ruft er „Hurra".

Bernd ist damals Fabians einzige prägende männliche Bezugsperson. Denn der leibliche Vater ist als Elektroingenieur die meiste Zeit des Jahres für seine Firma im Ausland auf Montage. Er meldet sich nur telefonisch einmal in der Woche. Bis auf Weihnachten und ein paar Tage im Sommer sieht er den Jungen nicht. An den häufigen Auslandsaufenthalten ist auch seine Ehe gescheitert.

Aber Bernd ist da. Immer. Er ist für Ute ein liebevoller und aufmerksamer Ehemann und kümmert sich von Anfang an rührend und leidenschaftlich um den Jungen. Kindergeburtstage mit Schnitzeljagd, Schwimmkurse und Fußballturniere, Übernachtungspartys und Schulfeiern – immer ist Bernd als „Papa" dabei.

Als Werner wieder dauerhaft nach Deutschland kommt, ist Fabian schon zwölf Jahre alt, aber die Bindung zu seinem leiblichen Vater ist nicht abgerissen. Fabian will zwar nicht regelmäßig alle zwei Wochen zu seinem Vater, besucht ihn aber häufig spontan und geht gern mit ihm zum Essen. Werner, der jetzt als selbstständiger Gutachter arbeitet, möchte auch wieder – wie damals in der Ehe – bei allen wichtigen Anliegen, die Fabian betreffen, mitentscheiden. Ob es um die Schulwahl, die Auswahl der zweiten Fremdsprache, die Genehmigung zu einer Untersuchung oder eine Auslandsreise geht – Werner besteht darauf, sein Okay zu geben.

Er verhält sich dabei glücklicherweise unkompliziert. Er kommt auch finanziell seinen Verpflichtungen nach, zahlt pünktlich den Unterhalt und beteiligt sich diskussionslos an allen Zusatzausgaben wie der Anschaffung eines Fahrrades oder eines Computers.

Seinen Alltag teilt Fabian aber nach wie vor mit Bernd. In seinen Augen ist er sein „zweiter Papa". Und Bernd fördert den Jungen sehr. So hat er auch von Anfang an viel Hausaufgaben mit ihm gemacht. „Mama ist immer so ungeduldig", hat Fabian als kleiner Kerl oft gemault und dann seine Sachen gepackt und sich auf den Weg zu Bernds Kanzlei gemacht, die nur eine Querstraße vom Wohnhaus entfernt liegt. Auch heute noch fragt Fabian gern Bernd um Rat, besonders wenn es seine Problemfächer Latein und Deutsch betrifft.

„Wenn du dein Abitur schaffst, weißt du, dass du das Bernd verdankst", scherzt Ute immer gern und erinnert damit an die vielen Stunden, die Bernd schon mit Vokabelabhören, dem Üben für Tests und der Vorbereitung von Power-Point-Präsentationen mit Fabian verbracht hat. „Bei der Feier sitze ich dann in der ersten Reihe", lacht Bernd und denkt aber, kaum ist der Satz ausgesprochen, sofort daran, dass da vermutlich auch Werner sitzen wird.

Bernd leidet darunter, nur der „soziale Vater" zu sein und sich das Kind mit Werner „teilen" zu müssen. Dabei ist er es, der sich mit Ute die Nächte um die Ohren haut, wenn Fabian sich mit Freunden zum Diskobesuch trifft und mal wieder den Bus verpasst und abgeholt werden möchte. Er ist es, der im strömenden Regen bei jedem Fußballspiel dabei ist, weil Fabian es sich doch so wünscht. Und er ist es, der bei jeder Urlaubsreise grundsätzlich die doppelten Flugpreise bezahlt, weil er wegen Fabian an die Schulferien gebunden ist. Werner hingegen rühmt sich immer dafür, ein Schnäppchenjäger für Last-Minute-Reisen zu sein.

„Ich habe die Pflichten wie ein Vater, aber keine Rechte", hat er einmal leise zu Ute gesagt. Die hat ihn betroffen angesehen. Ein paar Sekunden schwieg sie. Dann meinte sie: „Ich verstehe, was du fühlst. Aber ärgere dich nicht darüber, was du nicht hast, sondern freue dich über das, was du hast."

Bernd hat genickt. Aber es geht dabei nicht nur um seinen eigenen Schmerz. Vielmehr sorgt er sich auch um den Jungen. Denn seit er in der Pubertät ist, versucht er immer deutlicher seine Grenzen auszutesten. Besonders der Mutter gegenüber ist Fabian oft pampig, manchmal sogar so frech, dass er einfach einschreiten muss.

„Fabian ist ein wirklich toller Kerl. Aber er ist von der Mutter zu sehr verwöhnt. Ute behandelt ihren einzigen Sohn wie einen kleinen Prinzen und will nicht verstehen, dass er auch Grenzen braucht, um zu einem lebensklugen, selbstbewussten jungen Mann zu werden. Werner kann die Erziehungsaufgaben nicht wahrnehmen. Er sieht den Jungen so selten und möchte ihn dann nicht mit bitteren Wahrheiten konfrontieren. Das würde nur das Verhältnis der beiden beschädigen und das Risiko wird Werner nicht eingehen", glaubt Bernd.

Er selbst würde ihm gern die Führung geben, die er braucht. Aber er kann es nicht. Denn Fabian ist längst klug genug, um die emotionale Situation seiner drei Elternteile einschätzen zu können. Er pendelt zwischen allen drei Erwachsenen hin und her und sucht sich heraus, wer und was ihm gerade angenehm ist.

Bernd hat das erkannt. „Wenn er mich braucht – wie in der Schule – will er, dass ich ihm beistehe. Wenn er aber Unsinn gemacht hat und genau weiß, wie ich darauf reagiere, geht er zu seinem Vater und lässt mich spüren, dass ich eigentlich nichts zu sagen habe. Da fallen dann Sätze wie ‚Lass mal stecken, Bernd. Da bin ich einfach anderer Meinung!' – bumms – und ich muss das schlucken. Denn wenn ich mit der Hand auf den Tisch donnern würde, hätte ich als Erstes Ute gegen mich und als Zweites Werner. Und was würde das bringen? Nichts als nur Verdruss."

Bernd glaubt, dass „Fabian mal ordentlich vor die Wand laufen muss". Er muss merken, dass er sich nicht alles erlauben kann. „Aber das ginge nur, wenn alle an einem Strang zögen. Doch das klappt bei uns nicht. Allein kann ich nur noch mehr an Autorität verlieren und das will ich nicht zulassen." Bernd sieht sich jetzt schon „als zahnloser Tiger", sagt er offen, und in seinem Herzen klafft ein riesengroßes Loch – voller Liebe und Sorge.

Das sagt der Psychologe

Was geht in Bernd vor?

Der „zahnlose Tiger" Bernd, hilflos und ohnmächtig. Er kann sich nur als fünftes Rad am Wagen fühlen, da er rechtlich keine Handhabe gegenüber Fabian hat. Und dies lässt der leibliche Vater ihn auch spüren. Auf der einen Seite seine große, vielleicht berechtigte, Sorge, was die Zukunft des Jungen angeht, auf der anderen Seite seine Erkenntnis, handlungsunfähig zusehen zu müssen, wie Fabian sich schulisch die Möglichkeiten verbaut. Er wird sich seiner Rolle als „Stiefvater" bewusst, wird sich häufig geringgeschätzt fühlen, weil sein oftmals sicher hilfreicher Rat nicht gefragt ist.

Wie kann Bernd lernen, sich mit der Situation besser zu arrangieren?

Letztlich erscheint es günstiger, die Verantwortlichkeiten bei den Eltern zu belassen. Offenbar haben Fabians Eltern für sich einen Weg gefunden, die Belange ihres Sohnes zu regeln. Bernd hat eine gute Bindung zu Fabian aufbauen können. Letztlich muss er jedoch anerkennen, dass Fabian nicht sein Sohn ist und auch bei größter Aufopferung nie sein wird. Dies bedeutet nicht, dass Bernd nicht seinen, auch abweichenden, Standpunkt benennen darf. Er sollte jedoch nicht darauf pochen. Bernd hat sich als Ratgeber und Freund für Fabian schon ausgezeichnet. Das wird ihm der Junge nicht aberkennen. Bernd sollte diese freundschaftliche Bindung eher pflegen und vielleicht nicht mehr Verantwortung als nötig aufbringen.

Kann ihm Ute dabei helfen?

Ute hat sich für ein Leben mit Bernd an ihrer Seite entschieden. Sie vertraut ihm ihr und das Leben ihres Kindes an. Bernd und Ute leben den Alltag in allen Facetten, und es scheint ein harmonisches Miteinander zu sein. Ute sagt ihm zwar: „Bedauere nicht, was du nicht hast, sondern genieße, was du hast", doch Bernd scheint dies nicht weiterzuhelfen. Ute könnte hier hilfreich sein, indem sie ihm ab und zu deutlich zeigt, wie sehr sie die gemeinsame Lebensgemeinschaft schätzt. Dies kann geplante gemeinsame Zeit sein, ein Kinobesuch, Pizzaessen beim Italiener ums Eck oder ein langer Spaziergang, bei dem Pläne geschmiedet, aber keine Probleme gewälzt werden.

Tipp des Psychologen

So wie Bernd trifft es häufig „Stiefväter". Endlich eine Partnerin, mit der eine Zukunft erlebbar erscheint, Kinder, die zwar nicht die eigenen sind, und doch Gefühle von Vaterschaft hochbringen, Harmonie und dann noch ein Exmann, der rechtlich „das Sagen" hat. Väter, die wie Bernd die Rolle des Lebensgefährten für die Partnerin einnehmen und dann noch geneigt sind, eine Vaterrolle übernehmen zu wollen, werden häufig von der Realität eingeholt, wenn der leibliche Vater das Sorgerecht ausfüllt. Hier kann nur eine transparente Kommunikation zwischen den aktuellen Partnern helfen. Schließlich und endlich hat sich Ute in unserem Fall für die Partnerschaft mit Bernd entschieden und lebt diese auch. Wichtig ist, dass Ängste und Befürchtungen, sowohl Utes als auch Bernds, zwischen den beiden offen angesprochen werden. Viele Stiefväter nehmen sich aus Angst, ungeliebt und verstoßen zu werden sehr zurück, leben immer in Lauerstellung, um keinen Konflikt heraufzubeschwören, andere versuchen sich durchzusetzen, weil sie es doch „nur gut" meinen. Wie so oft liegt die Wahrheit in der Mitte.

Die Partnerin sollte über die Ängste und Sorgen ihres Partners Bescheid wissen. Nur so kann sie darauf eingehen und mit ihm gemeinsam nach einer Lösung suchen. Die wichtigsten Mitglieder sind in der aktuellen Familie zu finden. Hier spielt sich der Alltag ab. Die leiblichen Väter haben eine andere wichtige Rolle, nämlich die der Väter. Diese Rolle werden sie ein Leben lang ausfüllen. Die schlechteste Variante ist Rivalität. Und sie ist zudem sinnfrei. Es geht nicht um besser oder schlechter, vielmehr um Verantwortung zum richtigen Zeitpunkt. Kinder brauchen sowohl emotionale wie auch soziale Bezugspersonen. Diese können in einer Person zu finden sein oder auch in zwei Menschen. Fabian wird eine hohe Verbundenheit zu Bernd haben, kann ihn wertschätzen und wird ihn in und nach der Pubertät als Ansprechpartner akzeptieren.

Fall 6: Wolfgang Z. (37) aus Flensburg – sozialer Vater:
„Ich fühle mich immer allein!"

„Hi, Ihr Lieben, wo seid Ihr denn?" Als Wolfgang an diesem Samstagmorgen vom Einkaufen kommt, ist es in der großen Altbauwohnung ungewöhnlich still. Der schlanke Postinspektor stellt die Einkaufstüten auf den Küchentisch und macht sich auf die Suche nach seiner Familie. Aus dem Zimmer der 12-jährigen Miriam klingt leise Musik. Wolfgang hört Stimmen. Er klopft kurz an, öffnet aber im selben Moment die Tür und sieht seine Lebensgefährtin Silvia (35) mit ihren beiden Kindern Miriam und dem drei Jahren jüngeren Florian entspannt auf dem Kinderbett sitzen. Die drei wirken fröhlich. Anscheinend haben sie sich gerade intensiv unterhalten. So intensiv, dass sie Wolfgangs Rufen gar nicht gehört haben. Wolfgang merkt sofort, dass er nicht willkommen ist. Von dem Moment an, als er das Zimmer betreten hat, ist das Gespräch verstummt. Silvia scheint seine Gedanken zu lesen. Sie will die Situation retten. Die zierliche Frau rutscht vom Bett und geht auf Wolfgang zu, küsst und streichelt ihn.

„Schön, dass du wieder da bist, Liebling. Wir haben gerade mal in Ruhe über die neuen Lehrer gesprochen. Aber jetzt lass uns etwas unternehmen. Die Sonne scheint. Wir sollten das ausnutzen und ins Schwimmbad fahren. Ich packe unsere Sachen."

Wolfgang nickt. Doch kaum auf dem Flur hört er Miriam flüstern: „Mama, erzähl aber nicht Wolfgang, was ich dir gesagt habe, versprochen!"

Wolfgang erlebt häufig solche Szenen. Sie setzen ihm zunehmend zu. Er gibt sich viel Mühe, den Kindern ein guter Ersatzpapa zu sein. Aber wenn es um wichtige Dinge geht, wenden sich die beiden immer nur an Silvia. Die drei sind eine Familie und Wolfgang ist und bleibt außen vor. „Ich lebe in einer Familie, fühle ich aber immer allein!", sagt er oft.

Wolfgang Z. ist Postbeamter. Mit zwei Mitarbeitern leitet er eine kleine Filiale in der Nähe von Flensburg. Als er sich vor fünf Jahren in die Buchhändlerin Silvia verliebt, mag er ihre lustige und unkomplizierte Art. Silvia ist damals geschieden und zieht ihre beiden Kinder allein groß. Mit dem Kindsvater hat sie keinen Kontakt mehr. Er kümmert sich nicht um seine Kinder und zahlt auch keinen Unterhalt.

Silvia hat eine Halbtagsstelle, muss aber auch an zwei Nachmittagen arbeiten. Damit die Kinder immer versorgt sind, hat sie stundenweise eine Babysitterin engagiert. Bei der alleinerziehenden Mutter ist jede Minute des Tages durchorganisiert. Bei Überraschungen improvisiert sie sofort. Wolfgang ist damals begeistert, wie perfekt die junge Frau ihr Leben im Griff hat. Sie wohnt mit den Kindern in einer viel zu kleinen Wohnung, versorgt in der Enge noch den Familienhund und schafft es, dass alle pünktlich zur Arbeit, zur Schule und in den Kindergarten kommen.

Dass die Wohnung bei dem turbulenten Alltag nicht immer aufgeräumt ist und es statt eines aufwendigen Mittagessens einfach nur mal ein belegtes Brötchen gibt, findet er „charmant".

Silvias Lebensgrundsatz, sich nie über „Kleinkram" aufzuregen, fasziniert ihn. Wenn das Auto nicht anspringt, schnappt sie sich einfach das Fahrrad ihres Nachbarn und strampelt damit zur Arbeit. Wenn sie den Wohnungsschlüssel vergessen hat, klettert sie kurzerhand über den Balkon. Locker und unkonventionell meistert sie den Alltag zwischen Job, Kindern und Haushalt. Sie verliert nie ihren Humor und geht auch nach einem Zehn-Stunden-Tag noch geduldig auf jede noch so unwichtige Frage ihrer Kinder ein. So einer liebenswerten, patenten und unkomplizierten Frau ist er noch nie begegnet.

Wolfgang muss nie improvisieren. In seinem Leben gibt es keine Überraschungen. Er hat als Beamter geregelte Arbeitszeiten und am Ende des Monats ein sicheres Einkommen. Überstunden macht er nicht. Wenn er krank ist, schickt die Zentrale Ersatz.

In seiner Zweizimmerwohnung hat alles seinen Platz. Genauso ordentlich wie in der Kasse seiner Filiale sieht es auch in seiner Wohnung aus.

„So kann man nur leben, wenn man allein ist", sagt Silvia staunend, als sie ihn einmal in der Wohnung besucht.

Wolfgang erinnert sich noch genau daran, dass er damals dachte: „Wenn wir zusammenkommen, kann ich dieser wunderbaren Frau viel abnehmen, und dann wird sie auch Zeit haben, die Wohnung in Ordnung zu halten."

Wolfgang und Silvia kommen zusammen. Freunde wundern sich, was so eine kesse Frau an dem auf den ersten Blick etwas dröge wirkenden Mann anziehend findet. Silvia weiß es: „Er ist verlässlich, klar und unglaublich lieb", schwärmt sie ihren Eltern vor.

Silvia und Wolfgang ziehen schon sechs Monate später in ein großes Reihenhaus und Wolfgang springt damit kopfüber ins kalte Wasser. Plötzlich ist er nicht mehr Single, sondern

Familienvater. Eine berufstätige Frau, zwei Kinder, ein Hund. In seinem Leben ist nichts mehr, wie es einmal war.

Aber Wolfgang nimmt das Abenteuer Familie mit ganzem Herzen an. Er will gern Vater sein und gibt von Anfang an sein Bestes. Er fährt Miriam und Florian morgens in die Schule, erledigt fast immer die Einkäufe und zaubert abends perfekte Menüs für die ganze Familie. Er spielt gern mit den Kindern Mau-Mau, liest ihnen regelmäßig aus einem der vielen Kinderbücher vor, die Silvia aus dem Geschäft mitbringt. Die Kinder mögen ihn. Das Zusammenleben klappt. Zumindest anfangs. Denn als Wolfgang sich in die Erziehung einmischt, beginnen die Schwierigkeiten.

„Silvia und ich, wir haben einfach unterschiedliche Auffassungen, was man Kindern mitgeben sollte", meint Wolfgang. „Ich denke, Kinder brauchen klare Ansagen. Was Nein ist, bleibt Nein. Basta. Silvia diskutiert dagegen alles aus. Sie spricht davon, dass Demokratie schon in der Familie gelernt werden muss und Kinder nur durch Mitbestimmung Eigenverantwortlichkeit lernen können. Ich kann auch dem beipflichten. Aber ich muss mit einem Neunjährigen nicht diskutieren, ob er sich die Zähne putzt oder nicht, er hat es einfach zu tun."

Zudem stört ihn, dass Silvia wenig Wert auf Ordnung legt. In der ganzen Wohnung liegt Spielzeug. Die Kinder räumen so gut wie nie etwas weg. Es gibt auch keine festgelegten Tischzeiten und Silvia brutzelt auch noch um neun Uhr abends für jedes Kind, was es gerne isst.

„Mir ist das alles zu chaotisch. Ich möchte, dass einfach klare Regeln gelten", meint Wolfgang. „Jeder räumt weg, was er benutzt hat. Das ist doch ganz normal. Aber wenn ich das Silvia sage, lächelt sie nur und meint: ‚Ach, was ist denn schon normal, Liebling?'"

Die Kinder bekommen sofort mit, dass zwischen den Erwachsenen Meinungsverschiedenheiten herrschen. Und sie wissen genau, dass es bequemer und angenehmer ist, sich mit der Mutter auseinanderzusetzen.

Es dauert nur ein paar Wochen und Wolfgang ist erziehungsmäßig ein Außenseiter. „Die beiden machen nur, was ihnen ihre Mutter sagt. Wenn ich etwas sage, schalten sie auf stur. Ich fühle mich wie ein dummer Junge. Um Krach zu vermeiden, halte ich meinen Mund und lasse Silvia alles allein regeln. Aber auf die Dauer werde ich so nicht glücklich. Ich komme mir vor, als hätte ich in dieser Familie nur eine Gastrolle", so Wolfgang.

Dass es bislang noch keinen ernsthaften Streit gegeben hat, liegt an Silvias unbekümmert fröhlichen Art. Sowie sie merkt, dass sich ein Konflikt anbahnen könnte, wickelt sie ihren Wolfgang mit einem Lächeln um den Finger. „Ach komm Schatz, lass uns doch nicht darüber streiten, ob die Kinder ihre Jacken im Flur aufhängen sollen oder nicht. Lass uns lieber ein bisschen Spazieren gehen und anschließend Monopoly spielen", säuselt sie lächelnd und Wolfgang muss dann schmunzeln und gibt nach.

Bis es wieder zu einer Situation kommt, in der Wolfgang merkt, dass er seine Rolle in der Familie so nicht finden kann. „Ich weiß, dass Silvia die Hauptbezugsperson für die Kinder ist und auch immer bleiben wird. Ich kann zu den beiden ein absolut bombiges Verhältnis haben, aber ich werde nie mit ihrer Mutter konkurrieren können. Ihr werden sie immer mehr vertrauen. Sie wird immer die Nummer eins für die beiden sein. Das sagt mir die Vernunft. Aber ich möchte wenigstens, dass sich die beiden mit mir auseinandersetzen müssen und ich eine ernst zu nehmende Rolle in ihrem Leben spiele. Ich möchte unser gemeinsames Leben mitgestalten, Regeln aufstellen und auch meine Grenzen aufzeigen können. Aber im Moment bin ich nur ein Statist, der die Klappe hält und sich einzufügen hat", so Wolfgang.

Wolfgang ist bereit, sich zu 100 % in die Familie einzubringen. Er ist auch bereit, seine bisherigen Vorstellungen von Ordnung und Genauigkeit auf den Prüfstein zu stellen. Aber er fürchtet, dass Silvia nicht kompromissbereit ist. „Sie hat nicht nur einen anderen Lebensstil. Sie lässt auch niemanden an ihre Kinder", glaubt Wolfgang.

Was das heißt, ist ihm klar: Er muss konturlos bleiben und kann nichts weiter sein als eine Randfigur. Auf die Dauer wird ihm das nicht genügen.

Das sagt der Psychologe

Ist Wolfgangs Wahrnehmung berechtigt?

Wolfgang hat insoweit recht, als dass Kinder für eine gesunde Entwicklung Strukturen und Regeln brauchen, um sich im späteren Leben zurechtfinden zu können. Es ist wichtig, Verlässlichkeit zu vermitteln, Regeln für ein harmonisches Miteinander zu finden und diese dann gemeinsam einzuhalten. Natürlich muss ein Familienleben nicht bis ins kleinste Detail geregelt sein. Das ist nicht nur nicht durchzuhalten, sondern auch nicht sinnvoll. Es sollte immer Ausnahmen von der Regel geben. Über diese Ausnahmen muss dann mit allen Familienmitgliedern verhandelt werden, sonst wird aus der Ausnahme eine neue Regel.

Wie muss sich Wolfgang verhalten, um seine Position in der Familie zu finden?

Wolfgang sollte nicht um die Gunst der Kinder miteifern, um ein Ersatzvater zu werden. Er ist vielmehr ein anderer Ansprechpartner für die Kinder, für die er jetzt Verantwortung übernehmen möchte. Es geht nicht darum, was besser oder schlechter hinsichtlich der Erziehung der Kinder ist, sondern wo die Unterschiede in den Ansichten liegen und warum es demjenigen wichtig erscheint, seine Ansicht durchzusetzen. Wolfgang sollte versuchen, die Dinge, die die Kinder an ihm schätzen, zu fördern, seine Kochkünste, seinen Spaß, mit ihnen zu spielen, und vieles mehr. So kann er die Bindung vertiefen und daraus werden sein Rat und seine Sicht, wenn es um bestimmte Werte in der Familie geht, eher von den Kindern gehört und umgesetzt. Nur wo Bindung besteht, hat Respekt auch einen Platz. Wolfgang verbinden viele emotional wertvolle Dinge mit den beiden Kindern. Das sollte er nicht aus den Augen verlieren.

Kann Silvia ihm helfen?

Silvia kann ihm insofern helfen, dass sie sich mit Wolfgang auf ein paar Regeln einigt, die beide ohne Unterschied auf die Kinder anwenden können. Weder sie noch Wolfgang werden glücklich miteinander, wenn sie sich beide verbiegen müssen. Zudem darf sie etwas mehr auf die bestehenden Konflikte eingehen und nicht versuchen, durch sogenannte „Übersprungshandlungen" davon abzulenken. Sie hat die gute Fähigkeit, Dinge zum Teil locker und leicht zu nehmen und damit auch zu entwerten und nicht mehr so wichtig erscheinen zu lassen. Auf der einen Seite ist dies für alle Beteiligten sehr einfach, zum anderen werden konfliktreiche Themen nicht besprochen und damit nicht gelöst.

Vielleicht ist Silvia nur unsicher, was sie Wolfgang alles „zumuten" darf. Sie versucht Probleme von ihm fernzuhalten, ihn nicht mit ihren Kindern „zu belasten". Wolfgang hingegen darf nicht erwarten, dass die Kinder ihm genauso viele Dinge anvertrauen wie der Mutter. Das ist auch nicht nötig. Das Paar darf, jeder für sich, eine eigene Beziehung und Bindung zu den Kindern aufbauen. Bindung ist das wichtigste Element. Hierin sind Vertrauen, emotionale Nähe und Verbundenheit zusammengefasst. Silvia darf Wolfgang etwas mehr Konflikte „zumuten", Wolfgang darf gern die angenehmen Seiten mit den Kindern pflegen, wenn es ihnen gut tut und Silvia entlastet.

Tipp des Psychologen

Es ist wichtig, dass sich neu findende Paare hinsichtlich ihrer teils sehr unterschiedlichen Auffassungen von Erziehung austauschen. Es gibt kein ausschließlich richtiges oder falsches Erziehungsverhalten, nur unterschiedliche eigene Sozialisationen. Das Paar hat jeweils eine eigene Erziehung erlebt, hatte eigene Modelle wie Vater und Mutter, ist in die Werte des eigenen Familiensystems hineingewachsen. Egal ob es sich um leibliche Eltern handelt oder wie in unserem Fall um eine neue Beziehung. Es ist wichtig für das neue Paar, herauszufinden, warum bestimmte Regeln für den Partner oder die Partnerin gerade jetzt besonders wichtig erscheinen.

Oftmals sind Männer anders sozialisiert als Frauen. Es bestehen auch heute noch ganz unterschiedliche Rollenverständnisse und Aufgaben, die übernommen werden. Grundsätzlich ist die Frage nach richtig oder falsch aus einer Diskussion herauszunehmen. Vielmehr sollte sich jeder fragen, warum es ihm persönlich so wichtig ist, dass es bestimmte Regeln und Werte gibt, die eingehalten werden sollen. Es gilt, einen gemeinsamen Weg zu finden hinsichtlich der Erziehung von Kindern. Kinder werden sich gern an Familienregeln halten, wenn sie zum einen verstehen, warum die Regel existiert, zum anderen, wenn sie erleben, dass beide Elternteile sich einig sind. Dann werden sie auch Regeln annehmen, die sie nicht direkt nachvollziehen können.

Zudem ist es für viele Paare oder sich neu gefundene Paare wichtig, sich innerhalb des Familiensystems wiederzufinden, sich als wichtiges Element zu erleben. Gerade Väter oder „Stiefväter" erleben sich in der Rolle als wichtiges Familienelement oftmals nur halbherzig vom Rest der Familie wahrgenommen. Dies mag daran liegen, dass sie in einem klassischen Familienmodell die Rolle als Versorger übernommen haben. Damit entgeht ihnen häufig die Chance, für ihre Kinder wichtige Dinge im Alltag mitzubekommen. Deshalb ist es umso wichtiger, dass Väter, Ersatzväter, Stiefväter – oder wie wir sie auch nennen mögen – die emotionale Verbindung zu ihren Kindern nicht abreißen lassen. Oder diese vertiefen. Mir persönlich ist es sehr viel wichtiger, eine gute Bindung zu meinen Kindern zu haben, als auf die Quantität zu achten. Ich muss nicht alles von und über meine Kinder wissen, aber meine Kinder sollen wissen, dass sie mir alles zu jeder Zeit anvertrauen könnten, wenn es für sie wichtig ist.

Fall 7: Peer H. (45) aus Hannover – alleinerziehender Vater:
„Ich möchte auch mal nur Mann sein können!"

„Ich habe den allerbesten Papa der Welt", sagt Cindy (16) und nimmt ihren Vater ganz fest in den Arm. Liebevoll streichelt sie ihm über die Wange, meint dann leise: „Glaube mir, du hast etwas Besseres verdient als diese Christine. Sie lacht so doof und hat einen viel zu dicken Hintern!"

„Ach, lass das", sagt Peer und schiebt seine Tochter verärgert zur Seite. „Ihr habt an jeder Frau etwas auszusetzen, die ich mitbringe. In ein paar Jahren seid ihr aus dem Haus und lebt glücklich mit euren Partnern und ich spiele den einsamen Wolf."

Jetzt mischt sich der 12-jährige David ein. Der Junge sitzt in der Küche und backt mit seiner älteren Schwester Denise (19) eine Pizza. „Was redest du denn da, Papa", ruft er herüber. „Ich bleibe noch lange da. Lass die Mädels ruhig ziehen. Wir beide gründen dann eine Männer-WG."

Denise lacht: „Wie? Ziehen lassen? Ich will gar nicht weg. Den einsamen Wolf kannst du dir erst einmal abschminken, Papa. Wir bleiben. Stimmt's, Cindy?"

Peer stöhnt genervt auf. Er muss sich zusammenreißen, um nicht einfach loszupoltern. Seine drei Sprösslinge sind sein ganzer Stolz. Das Zusammenleben mit ihnen klappt prima. Er liebt sie mehr als alles auf der Welt. Aber warum können sie nicht verstehen, dass er nicht nur ein Vater, sondern auch ein Mann ist. Er möchte zehn Jahre nach der Trennung von ihrer Mutter Corinna (40) wieder in einer Partnerschaft leben. Doch in den letzten fünf Jahren, in denen er zaghaft auf der Suche war, hat keine Frau die „Hürde Kinder" nehmen können.

Klar hatten die Mädchen anfangs Verständnis, dass ihr Papa jemanden kennenlernen wollte. Eine Zeit lang haben sie sich sogar in Partnerschaftsbörsen nach einer neuen Frau für ihn umgesehen und ihn für die ersten Dates noch liebevoll ausgestattet. Aber wenn er dann für eine ihrer Kandidatinnen Feuer gefangen hatte und sie regelmäßig sehen wollte, wurde der häusliche Wind schnell eisig. Statt Zustimmung hagelte es nur noch Kritik, und wenn Peer es wagte, eine Frau mit nach Hause zu bringen und seinen Kindern vorzustellen, wurde die Ablehnung massiv. Meine Güte, was hat er nicht alles zu hören bekommen. Von „Die fährt ein unmögliches Auto!" über „Die kann ja nicht mal richtig essen!" bis zu „Warum geht die so komisch?" war alles dabei.

Also hat Peer die ersten zarten Bande gleich wieder gekappt. Er hatte keine Lust auf Stress mit seinen Kindern.

„Die drei gehen vor", hat Peer immer seiner Mutter gesagt und sich vorgenommen, dann eben noch ein paar Jahre als alleinerziehender Vater durchzuhalten. Doch so langsam geht ihm die Luft aus und er leidet unter der Einsamkeit. Aber dann ist da wieder das schlechte Gewissen, das ihn davon abhält, auch mal an sich zu denken.

Man muss Peers Geschichte kennen, um sein Verhalten zu verstehen. Der kräftige Mann macht sich seit Jahren Vorwürfe, zu spät eingegriffen zu haben, als seine Kinder leiden mussten. „Ich wollte heile Welt und war blind für die Wahrheit", sagt er rückblickend. „Ich kann gar nicht in Worte fassen, wie sehr ich mir das vorwerfe."

Er ist 22 Jahre alt, als er die gleichaltrige Corinna in einer Disco kennenlernt. Peer hat damals eine Ausbildung als Tontechniker in der Tasche. Corinna arbeitet als Kauffrau in einem großen Konzern. Sie verlieben sich. Peer träumt davon, auszuwandern. Er möchte nach Australien. Doch Corinna wird schwanger. Statt große Pläne zu schmieden, geht es jetzt darum, eine Familie abzusichern.

Peer ist schnell erfolgreich. Er gründet eine eigene Firma für Konzertveranstaltungen. Corinna kann nach Denises Geburt zu Hause bleiben. Was dann kommt, bezeichnet Peer als „Heile-Welt-Idylle".

Das Paar bekommt innerhalb von fünf Jahren drei Kinder. Peer rackert für ein hübsches Haus, zwei Autos. „Es ging uns prächtig. Ich habe geschuftet wie ein Stier, damit Corinna nicht arbeiten musste und sich um die drei Kinder kümmern konnte. Es war mir wichtig, dass es meiner Familie gut ging. Davon bin ich ausgegangen. Ich habe nicht geahnt, wie schlimm es hinter den Kulissen meiner Vorzeigefamilie aussah."

Ob Corinna überfordert ist und deshalb zur Flasche greift? Oder hat sie schon immer getrunken und es nur geschickt verborgen? Oder ist sie einfach eine labile Person, die sich gehenlässt? Peer weiß es nicht. Er weiß nur noch zu genau, dass er eines Abends, ausgerechnet an Denises siebten Geburtstag, nach Hause kommt und seine Frau lallend in der Küche herumtorkelt.

Damals hält er es für einen Ausrutscher und bringt schnell die Kinder ins Bett. Corinna spricht von Ärger mit einer Freundin und einem Glas Frustwein. Oder waren es zwei? Peer bohrt nicht nach. Es ist ja vorbei. Doch er irrt sich. Es passiert immer öfter, dass Corinna ihm angetrunken die Tür öffnet. Er versucht, mit ihr zu reden. Doch sie wiegelt ab. Was spricht schon dagegen, dass sie sich zur Entspannung mal ein Glas Wein gönnt? Aber bei dem Glas bleibt es ja nicht.

Nachbarn sprechen ihn an. Die Schwiegereltern mischen sich ein. Alle machen sich Sorgen um die Kinder. Doch Peer nimmt seine Frau immer wieder in Schutz. Alles andere wäre für ihn Verrat. Dabei spielen sich Tag für Tag längst schlimme Szenen ab. Die Kinder wissen, dass ihre Mutter trinkt und im Rausch unberechenbar ist. Die beiden Mädchen übernehmen früh die Verantwortung für den kleinen Bruder und den Haushalt. Anfangs versuchen sie auch, die Ausfälle der Mutter zu vertuschen, um sie zu schützen. Erst später merken sie, dass ihre geliebte Mama längst eine andere geworden ist: unzuverlässig, unkontrolliert und leider auch immer wieder gewaltbereit. Sie leiden still, damit Mama keinen Ärger bekommt. Damit Papa sich keine Sorgen macht.

Es dauert fast zwei Jahre bis Peer akzeptiert, dass seine Frau ein Alkoholproblem hat. Die Schwiegermutter bietet konkret Hilfe an. Sie will tagsüber bei den Kindern sein, bis Peer nach Hause kommt. Corinna soll eine Therapie machen.

Doch die eindeutig alkoholkranke Frau sieht das alles nicht ein. Sie wehrt sich gegen die Bevormundung, bricht mit den Eltern und Schwiegereltern. Es gibt nur noch Streit. „Die

Familie versinkt in Streit, Chaos und Suff", wie es Peer einmal aufgebracht formuliert.

Peer weiß nicht, was er jetzt tun soll. Er kann sich nicht zerteilen. Er braucht den Job, um der Familie ein ordentliches Leben bieten zu können. Aber so weitermachen wie bisher kann er auch nicht. Corinna ist jetzt schon morgens angetrunken. Was ist, wenn eines der Kinder verunglückt? Was ist, wenn Corinna im Rausch das Haus in Brand setzt? So kann es nicht weitergehen.

Als er sie wieder einmal zu einer Therapie überreden will, besteht sie auf Trennung. Peer soll ausziehen. Sie will mit den Kindern allein in dem Haus bleiben.

In seiner Not wendet sich Peer an das Jugendamt. Er stimmt der Trennung zu, will aber das Sorgerecht. Ein Besichtigungstermin schafft Klarheit. Die Mitarbeiterin findet Corinna volltrunken in der Küche – es ist elf Uhr in der Früh.

Corinna darf das Sorgerecht nur mit Auflagen behalten. Sie muss eine Therapie machen, nachweisbar „trocken" sein, wenn sie weiterhin mit den Kindern leben will. Doch darauf lässt sie sich nicht ein. Stattdessen rastet sie aus, beschimpft im Suff die Mitarbeiter des Jugendamtes. Das ist das Aus. Peer sucht sich mit den Kindern ein kleineres Haus. Corinna hat zwischenzeitlich einen Freund gefunden und zieht zu ihm in eine kleine Wohnung an den Stadtrand.

Peer organisiert das Familienleben neu. Seine Mutter ist tagsüber bei den Kindern und versorgt den Haushalt. Er gibt seine Selbstständigkeit auf und lässt sich als Tontechniker anstellen.

„Ich musste abends pünktlich zu Hause sein. Meine Mutter war damals schon über 70 und hätte sich nicht noch über Nacht um die Kinder kümmern können", so Peer.

Um den Kindern weiterhin etwas bieten zu können, verzichtet Peer auf alles. Er verkauft sein geliebtes Motorrad, den schicken Kombi, spielt nicht mehr Tennis.

„Ich habe wirklich jeden Cent in die Kinder gesteckt. Ich wollte, dass sie nach dem ganzen Desaster wieder Freude empfinden können", erzählt er.

Bei den Kindern herrscht anfangs auch noch Sorge um die Mutter. Sie wollen unbedingt mit ihr in Kontakt bleiben. Doch ein Besuch endet dramatisch: Corinna schließt die Kinder ein und geht in die nächste Kneipe. Als die Kinder in der Notlage telefonisch den Vater verständigen und der das Jugendamt alarmiert, verliert Corinna endgültig das Sorgerecht. Als sie später noch mehrfach betrunken vor dem Haus der Kinder auftaucht und sie bedroht, wird ihr gerichtlich ein Näherungsverbot ausgesprochen.

Für Peer ist das alles Stress pur. Er leidet unter der Doppelbelastung von Job und Kindererziehung, aber auch unter der Sorge, dass seine Kinder das Erlebte lebenslang belasten könnte. Bis heute ist er bemüht, die seelischen Ängste seiner Kinder rechtzeitig zu erkennen, um dann entsprechend professionelle Hilfe in Anspruch nehmen können. Er hat für alle Kinder eine Gesprächstherapie erreicht.

Seit drei Jahren kann sich auch seine Mutter nicht mehr um die Kinder kümmern. Sie hatte einen leichten Schlaganfall und braucht Hilfe. Peer kümmert sich jetzt auch noch um sie.

An dem äußerlich stabilen Mann sind die Belastungen der letzten Jahre nicht spurlos vorübergegangen. Er resigniert schneller als früher und hat nicht mehr viel Kraft zu kämpfen. „Mich belasten Müdigkeit und Einsamkeit", sagt er leise. Die Kinder pflegen alle drei intensive Freundschaften und laden sich an den Wochenenden Freunde ein bzw. schlafen auswärts. Für Peer heißt das ab Freitag, dass er viele Stunden allein zu Hause ist. „Ich möchte nicht als alter Mann vor dem Fernseher versauern. Ich wünsche mir eine neue Partnerschaft."

Vor zwei Monaten hat Peer Christine kennengelernt. Die hübsche blonde Kauffrau hat zwei erwachsene Töchter aus ihrer ersten Ehe. Sie mag Peer und kann sich gut vorstellen, mit seinen drei Kindern zusammenzuleben. „Ich habe ja Erfahrung. Meine sind groß. Ich steige aber gern noch einmal ein", hat sie gemeint. Peer ist sehr glücklich darüber. Er mag Christine und könnte sich vorstellen, dauerhaft mit ihr zusammen zu sein.

Doch jetzt sind wieder die Kinder da, die ihn mit ihren flapsigen Bemerkungen verunsichern. „Es geht schon wieder los. Sie stänkern gegen Christine. Aber ich habe sie lieb und möchte gern ein neues Glück mit ihr versuchen, ja, ich möchte mit ihr leben. Es passt einfach mit uns. Aber was soll ich tun? Darf ich meinen Kindern noch einmal Kummer bereiten? Ist es egoistisch, als alleinerziehender Vater zwischen Arbeit, Haushalt und Elternsprechtag an die Liebe zu denken?

Das sagt der Psychologe

Was darf Peer alles?

Alles! Peer hat sich viele Jahre zurückgenommen und Kräfte verbraucht, seine Reserven jedoch nicht vollständig wieder aufgefüllt. Jetzt möchte er ein Leben mit einer Frau führen, die er liebt, und sich auch geliebt fühlen. Dass seine Argumente seine Kinder nicht erreichen, ist nachvollziehbar. Sie sind jung. Warum sollten sie seine Sorge verstehen, irgendwann allein dazustehen? Aber Peer hat als Erwachsener die Lebensabläufe im Kopf. Er muss wieder an sich denken und sein eigenes Glück im Auge haben – gleichwertig zum Glück seiner Kinder. Nur innerlich zufrieden kann er lebenslang ein stabiler Faktor in ihrem Leben sein.

Wie kann er sein Ziel erreichen?

Hier ist sicherlich ein offenes Wort nötig. Seine Kinder sollten seine Gefühle, Ängste und Sorgen um das eigene Leben verstehen lernen. Mit „logischen und rationalen" Argumenten wird er seine Kinder nicht erreichen können. Die haben doch einen 100-%-Papa. Peer hat lange Zeit die Alkoholkrankheit seiner damaligen Frau gedeckt, hat versucht, seinen Kindern in dieser schweren Zeit besonders viel Halt zu geben. Und das ist ihm gelungen. Dabei hat er jedoch den Zeitpunkt, eigene Bedürfnisse zuzulassen und zu leben, verpasst. Seinen Kindern ist dies nicht anzulasten. Sie haben natürlich ihren Vater als kompakte Einheit erlebt. Bedürfnisfrei und immer parat. Warum sollte sich dies nun ändern? Peer kann in der Tat nun versuchen, seinen Kindern seine Gefühle und Beweggründe für eine Partnerschaft zu vermitteln.

Worauf muss er achten?

Da seine Kinder ihn immer als „Rundum-sorglos-Paket" erlebt haben, als zufriedenen Papa und verständigen und verlässlichen Ansprechpartner, kann nun die Angst hochkommen, mit einer neuen Frau sei dies alles verloren. Gemeinsame Zeiten mit seinen Kindern sind hier sehr wichtig. Ein vorsichtiges Heranführen an seine neue Freundin sollte so laufen, dass seine Kinder nicht das Gefühl bekommen, sie müssen den Vater teilen, sondern die Freundin als Zugewinn für die kleine Familie sehen. Wichtig sind hier sowohl gemeinsame Zeiten der Kinder nur mit ihrem Vater als auch gemeinsame Zeiten mit allen. Und Zeit, die der Vater mit seiner Partnerin hat. Vielleicht anfangs an den Wochenenden, wenn die Kinder sowieso nicht im Haus sind, nach und nach dann über den ganzen Alltagszeitraum.

Dass die Kinder aufgrund der Erfahrung mit ihrer Mutter vorsichtig in Bezug auf eine neue Frau sind, sollte Peer verstehen. Sie sind überkritisch und möchten aus einem Sicherheitsbedürfnis heraus lieber alles so lassen, wie es ist. Dahinter verstecken sich Ängste, die nur mit der Zeit nachlassen, wenn die Kinder die neue Frau kennenlernen und merken, dass sie ihr vertrauen können.

Tipp des Psychologen

Da es vielen alleinerziehenden Elternteilen so geht, gilt grundsätzlich, dass eine völlige Aufgabe der eigenen Person nur zu

Frust führen kann. In diesem Fall hat der Vater seine Bedürfnisse über die Zeit verloren. Er bemerkt Unzufriedenheit und Leere. Die Zeit nach einer Trennung braucht oftmals Abstand, um sich der neuen Situation klar zu werden. Anfangs fehlt oft die Bereitschaft, eine neue Beziehung einzugehen, weil die alten Wunden noch nicht verheilt sind. Hinzu kommt die Angst vor einem weiteren Verlust, die Furcht, eine Trennung noch einmal durchstehen zu müssen. Zu diesen ganz persönlichen Ängsten und Zweifeln kommen die der Kinder, die ja nun auch schon einmal einen geliebten Menschen durch Trennung verloren haben und vielleicht diesen Schmerz nicht noch einmal spüren möchten.

Wichtig ist ein offenes Gespräch. Wünsche wie Ängste sollten besprochen, aber nicht zerredet werden. So wie der Vater den sich erweiternden Lebensraum seiner Kinder akzeptieren lernen muss, so müssen auch die Kinder das Bestreben des Vaters nach neuer Beziehung hinnehmen. Nicht die Frage, „ob" eine neue Partnerschaft, sondern „wie" ist entscheidend. Wie kann eine für alle optimale neue Lebenssituation geschaffen werden? Ohne Verlustängste, ohne Vorwürfe. Wie können alle Beteiligten dazu beitragen, einen harmonischen Alltag zu leben? Sitzen alle an einem Tisch und können sich einbringen, sollte nicht das Gefühl aufkommen, in eine unerwünschte Situation geraten zu sein. Je älter die Kinder, desto mehr Verständnis werden sie aufbringen für den Vater in seinem Bestreben, eine Partnerin an seiner Seite zu haben. Eine Partnerin, die nicht die Kinder ersetzt, sondern das Familienleben bereichert und ergänzt.

Anhang – Adressen

Vor allem enttäuschte, von ihren Kindern entfremdete Väter organisieren sich in verschiedenen Foren und Vereinen, darunter „Väteraufbruch für Kinder e.V., mit bundesweit etwa 2000 Mitgliedern. Dort sind auch betroffene Mütter willkommen und werden unterstützt.

Allgemeine Informationen gibt es unter:

www.vafk.de
Väteraufbruch für Kinder e.V.

www.vaeter-helfen-vaetern.de
Väter helfen Vätern e.V.

www.vaeter.de
Die Website für Mann mit Kind

www.kbbe.de
Kinder brauchen beide Eltern

www.vaetertreff.de
Der Kinder und Vätertreff in Berlin

www.vaeter-zeit.de
Väterzeit.de – Was Väter wissen wollen

Infos rund um den Job:

www.perspektive-wiedereinstieg.de
www.vaeter-in-balance.de

Weitere Plattformen für ausgegrenzte Väter gibt es unter:

www.kuvin.de
Kinder und Väter in Not e.V.

www.pappa.com
Linksammlung von Anwälten

www.gabnet.com/aefk
Arbeitskreis Eltern für Kinder – Bundesverband gegen eine
vaterlose Gesellschaft

humboldt

... bringt es auf den Punkt.

Andrea Micus · Günther Hoppe

Jedes Kind kann stark sein

So führen Sie Ihr Kind in ein selbstbewusstes und glückliches Leben.

Für Eltern von 8- bis 14-jährigen Schulkindern

2. Auflage

208 Seiten, Broschur
ISBN 978-3-86910-626-7
€ 12,95

- Alarmierend: Über 45 % der Schüler fühlen sich psychisch belastet!
- Endlich ein leicht verständlicher Ratgeber für Eltern!
- 10 Strategien, um Kinder stark und glücklich zu machen

Stress, Versagensängste, fehlende Leistungsbereitschaft oder Konflikte: Der Schulalltag fordert Kinder – wer psychisch nicht gefestigt ist, geht schnell unter. Besonders im Alter zwischen 8 und 14 Jahren prägen Niederlagen und Erfolge. Die Autoren zeigen, wie Eltern Probleme rechtzeitig erkennen und das Selbstvertrauen ihrer Kinder stärken können.

www.humboldt.de
Änderungen vorbehalten.